GUÍA DEL MAESTRO
Elizabeth A. McAllister, Ed. D.

ABRAHAM - GOD'S BRAVE EXPLORER TEACHER GUIDE
Publicado por Ministerios Precepto de Reach Out, Inc.
Apartado Postal 182218
Chattanooga, TN 37422

ISBN 978-1-62119-783-6

A menos que se especifique, todas las citas bíblicas son tomadas de la NUEVA BIBLIA LATINOAMERICANA DE HOY. Copyright © 2005 por la Fundación Lockman. Usadas con permiso. (www.NBLH.org)

Las guías del maestro de la serie "Descubre Por Ti Mismo" fueron hechas posibles por el generoso obsequio de un viejo amigo de Ministerios Precepto.

Portada diseñada por John Phillips

Diseño Gráfico por Michele Walker

Copyright ©2013 Ministerios Precepto Internacional

Todos los derechos reservados. Ninguna parte de esta publicación puede ser reproducida, traducida o transmitida de cualquier forma o por cualquier medio ya sea electrónico, mecánico, incluyendo fotocopias, grabaciones o mediante un sistema de almacenamiento y recuperación de información, sin el previo permiso escrito de la editorial.

Precepto, Ministerios Precepto Internacional, Ministerios Precepto Internacional Especialistas en el Método de Estudio Inductivo, La Plomada, Precepto Sobre Precepto, Dentro y Fuera, ¡Más Dulce que el Chocolate!, Galletas en el Estante de Abajo, Preceptos para la Vida, Preceptos de la Palabra de Dios y el Ministerio Estudiantil Transformados son marcas registradas de Ministerios Precepto Internacional.

2020, Edición Estados Unidos

ABRAHAM, EL VALIENTE EXPLORADOR DE DIOS

GUÍA DEL MAESTRO
TABLA DE CONTENIDO

Introducción 4

Capítulos Semanales
Contenido de Descubre Por Ti Mismo 9
Primera Semana, La Valiente Aventura de Abraham 11
Segunda Semana, Un Pacto de Sangre 46
Tercera Semana, El Nuevo Nombre de Abram 77
Cuarta Semana, Fuego y Azufre 110
Quinta Semana, Abraham Celebra 138
Sexta Semana, La Prueba de la Fe de Abraham 164

Lecciones y Examen
Lección de la Primera Semana 193
Lección de la Segunda Semana 194
Lección de la Tercera Semana 195
Lección de la Cuarta Semana 196
Lección de la Quinta Semana 197
Lección de la Sexta Semana 198
Examen Final 199
Respuestas de las Lecciones y Examen Final 201

Juegos
Juego de Dibujar 202
Juego de Emparejar 203
Saca un Chocolate 204
El Juego de las Preguntas Básicas 205
Conéctate 205

ABRAHAM, EL VALIENTE EXPLORADOR DE DIOS

GUÍA DEL MAESTRO

Introducción

Gracias por seleccionar este estudio bíblico para tu hijo y/o clase. Dirigir a los niños en la lectura, observación, interpretación y aplicación de la Biblia por ellos mismos les ofrece un puente para pasar de conocer a Dios "de oídas" a hacerlo en verdad. Cuando ellos se dan cuenta de que pueden estar a gusto con la idea de leer la Biblia, entonces ellos se tomarán la tarea con seriedad.

La serie "Descubre Por Ti Mismo" está diseñada para dirigir a jóvenes estudiantes a través del proceso de estudio inductivo: preguntar y preguntar una y otra vez, investigar, pensar, entender y aplicar. Ellos estarán cómodos con este proceso una vez que tú pruebes que esa posibilidad está al alcance de ellos.

"ABRAHAM—EL VALIENTE EXPLORADOR DE DIOS" es un estudio de Génesis 11-25. Los estudiantes comenzarán con un repaso de Génesis 11:10-31 para rastrear las generaciones de Abraham hasta Sem, el hijo de Noé. A partir de este punto, ellos explorarán la Palabra de Dios para descubrir las aventuras de exploración de Abraham cuando Dios lo trasladó de Ur de los Caldeos.

Como preparación para dirigir ***"ABRAHAM—EL VALIENTE EXPLORADOR DE DIOS"***, por favor trabaja cada "Día" por tu cuenta antes de consultar la Guía del Maestro. Ya que este es un Estudio Bíblico Inductivo, tu enseñanza será más efectiva si haces primero la tarea y Dios te revela Su verdad.

Ya sea que estés instruyendo a un niño en casa, enseñando una clase de escuela dominical, enseñando en una escuela cristiana o simplemente estés usando estos estudios para un tiempo de reflexión para tu hijo o un estudio bíblico familiar, esta Guía del Maestro te mostrará cómo dirigir clara y cuidadosamente a cada niño a través del estudio bíblico inductivo. Nosotros ofrecemos sugerencias para guiarte paso a paso. *Instrucciones Estratégicas* explica por qué se usan ciertas actividades a lo largo del libro. Escoge las actividades que mejor se ajuste a tu situación.

Padres que Educan en Casa y Estudio Bíblico Familiar

Te sugerimos que hagas un "Día" a diario a menos que sea demasiado para las habilidades de lectura y/o escritura de tu hijo. Puedes trabajar con tu niño y discutir lo que aprenden juntos o dejar que trabaje independientemente, guardando el tiempo de discusión para después.

Puedes unirte o abrir un grupo de enseñanza de hogar que se reúne una vez a la semana para hacer estos estudios. El maestro asignará una semana de tarea durante la clase. La siguiente semana el maestro dirigirá a los estudiantes en la discusión de lo que descubrieron, cómo aplicarlo y en el manejo de cualquier elemento creativo incluido en el estudio o en un juego para repasar lo que aprendieron.

Maestros de Escuela Dominical

Para usar estos estudios en una clase de escuela dominical (semanalmente) te sugerimos que trabajes un "Día" junto con tus niños cada semana en clase, ya que tendrás niños con distintos trasfondos, incluso algunos de familias que no son miembros o que no asisten regularmente a la iglesia.

Repasa brevemente cada domingo el trabajo del domingo anterior para ponerlos en contexto para el siguiente día de estudio en sus libros. Después de completar una semana del libro puedes tener un tiempo de juegos para repasar el material antes de comenzar la siguiente semana. El tiempo de juegos vuelve divertido el aprendizaje para los niños y te muestra a qué grado entienden lo que han aprendido.

Puedes dejar los libros en la iglesia y hacer que los niños se lleven versos a la casa en tarjetas u hojas de papel para que los memoricen.

Maestros de Aula

Generalmente, los maestros de aula lidian con muchas habilidades diferentes de aprendizaje dentro de su grupo. Es importante que entiendas estas distintas habilidades de aprendizaje para que te des cuenta de las necesidades que tienen y de este modo nadie se quede atrás durante el proceso.

Es importante que utilices una *noción* de lo que es común para tus niños (información de trasfondo) de modo que ellos puedan valerse de ello. Si vinculas el estudio con algo que el niño ya conoce, ellos entenderán la lección claramente.

Su entendimiento también es afectado por la *meta cognición*—la habilidad de monitorear el entendimiento del texto. Los estudiantes deben ser capaces de realizar diferentes funciones para desarrollar el control meta cognitivo sobre la lectura y comprensión. Él/ella debe ser capaz de:

1. Preguntar primero: "¿Qué ya conozco sobre este tema?", "¿tengo información suficiente para entender este texto?" Las respuestas a estas preguntas influenciarán directamente el uso del método inductivo.

2. Identificar el propósito para leer cada selección.

3. Enfocarse en información particular.

4. Monitorear la comprensión recurriendo a información de trasfondo y relacionándola con el contexto al hacer preguntas como: "¿cómo me va?", "¿estoy considerando el cuadro completo en mente?", "¿me siento sobrecargado?", "Si es así, ¿cómo lo arreglo—releo los pasajes o pido ayuda?" (No hay nada de malo con lo segundo).

5. Evaluar la comprensión del contexto al preguntar: "¿qué aprendí?" Con respecto al estudio inductivo: "¿cómo aplico esta información?"

Instrucciones Estratégicas

Escribir como respuesta refuerza al aprendizaje y por ello este método es prevalente en estos libros. Anima a los estudiantes a compartir ideas y observaciones contigo y otros estudiantes.

La lectura es la actividad más intelectual de la experiencia humana. Más sectores del cerebro están activos que en otras actividades incluyendo las matemáticas y pilotear un avión. Es la procesión de información más interactiva, aun cuando los niños están leyendo cuentos infantiles.

Toma un tiempo para que los estudiantes lean en voz alta con un amigo. Leer en *voz alta* y escuchar promueve interacciones entre el hemisferio izquierdo y derecho del cerebro y activa vías poco usadas. Leer en *silencio* activa una parte mucho menor del cerebro.

Dales la oportunidad a los estudiantes de expresarse cada vez que puedan. Esto los obliga a extraer información guardada en su base (información de trasfondo) para aplicarla a nueva información. ¿Qué mejor oportunidad hay en comparación con examinar el contenido y contexto *inductivamente*?

Notarás que se te pedirá que leas algo del contenido en voz alta mientras los estudiantes siguen la lectura. Esto logra que los lectores inseguros se enfoquen en el contexto en lugar de decodificar estrategias. Al hacer esto, quitarás piedras de tropiezo para la comprensión; de otro modo, los lectores reacios se convencerán que el estudio inductivo es imposible para ellos— ¡ese es el último pensamiento que quieres infundir!

Hemos incluido lecciones semanales con versos para memorizar y también preguntas de opción múltiple que obligará a los estudiantes a pensar sobre lo que han aprendido. De acuerdo a cómo ellos respondan estas preguntas, sabrás si ellos han comprendido el material adecuadamente.

En vista de esta escasa introducción sobre requisitos de aprendizaje para tener éxito, es importante que apliques estrategias que lleven a los estudiantes a desarrollar la habilidad de auto-monitorear la comprensión del contexto de cada paso en el camino. Estas **Guías del Maestro** ofrecen sugerencias para asegurar que los estudiantes, sin importar sus habilidades, aprendan a leer la Biblia con entendimiento mientras los diriges, paso a paso, en el Método de Estudio Inductivo.

Objetivos de "Descubre Por Ti Mismo"

Los objetivos de la serie "Descubre Por Ti Mismo" no son los mismos que los objetivos de comportamiento del contenido en general. Los libros contienen temas bíblicos excepcionales, pero fueron escritos *principalmente* para ser una herramienta para que los estudiantes jóvenes aprendan el Método de Estudio Inductivo.

Tocar bien un instrumento requiere repetición y aplicación de las habilidades aprendidas. De manera similar, el estudio efectivo es desarrollado por la práctica repetitiva y un buen modelo de un método de estudio excepcional. Consecuentemente, estas **Guías del Maestro** contienen objetivos globales para el estudiante y el maestro.

Comenzaremos con el maestro.

Objetivos dela Guía del Maestro de "Descubre Por Ti Mismo"

- Ayudar al maestro a identificar las necesidades meta cognitivas del estudiante al leer los textos.

- Mostrar al maestro cómo modelar el uso del Método de Estudio Inductivo para que los estudiantes sean capaces de aplicar las técnicas independientemente al estudiar la Palabra de Dios.

- Ofrecer al maestro estrategias de enseñanza efectivas para asegurar que los estudiantes tengan éxito al estudiar la Biblia.

Objetivos del Cuaderno de Trabajo de "Descubre Por Ti Mismo"

- Aprender a cómo leer, observar e interpretar la Biblia por sí mismos.

- Practicar este método independientemente en un ambiente estimulante.

Todas las citas bíblicas son tomadas de la NUEVA BIBLIA LATINOAMERICANA DE HOY. Copyright © 2005 por la Fundación Lockman. Usadas con permiso. (www.NBLH.org)

Las ilustraciones fueron hechas por Steve Bjorkman

La portada fue hecha por Left Coast Design, Portland, Oregon

Harvest House Publishers, Inc., es el titular exclusivo de la licencia de la marca registrada federalmente Discover 4 Yourself.

Discover 4 Yourself® Estudios Bíblicos para Niños
ABRAHAM, GOD'S BRAVE EXPLORER
Copyright ©2003 por Ministerios Precepto Internacional
Publicado por Harvest House Publishers
Eugene, Oregon 97402
www.harvesthousepublishers.com

ISBN 978-1-62119-768-3

Todos los derechos reservados. Ninguna parte de esta publicación puede ser reproducida, almacenada en un sistema de recuperación de información, o transmitida de cualquier forma o por cualquier medio—electrónico, mecánico, digital, mediante fotocopias, grabaciones o por cualquier otro—excepto por breves citas en reseñas impresas, sin el previo permiso de la editorial.

2020, Impreso en los Estados Unidos de América

Revelando un Misterio

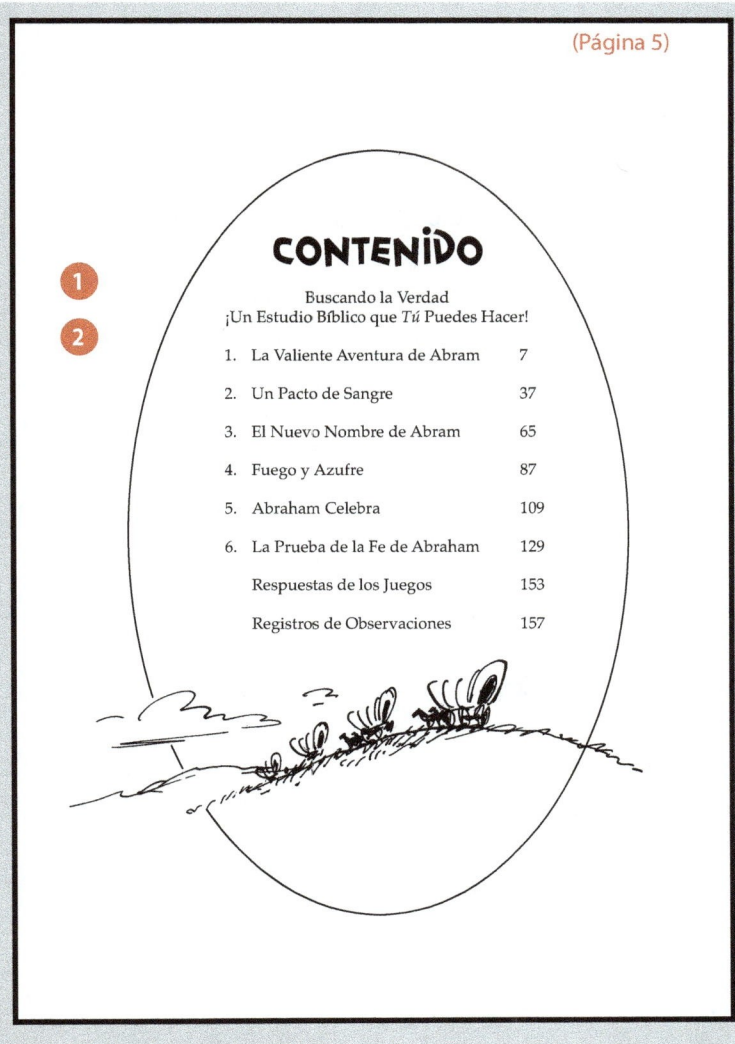

(Página 5)

Guía de Instrucciones

1 Dale una copia de *"Abraham—el Valiente Explorador de Dios"* a cada estudiante.

2 Ve a la página de CONTENIDO con tus estudiantes. Dirige a los estudiantes en una breve revisión del libro. Indica cómo es la estructura de cada capítulo, señalándoles que habrá una lección y actividades que hacer para cada uno de los cinco días.

"La Valiente Aventura de Abram" 7
Max, Silvia y Chispa, junto con sus familias, se embarcan en una aventura para explorar la Ruta de Oregón. Durante este viaje, ellos siguen a otro explorador que Dios envió hacia una tierra desconocida: Abraham. Además ellos rastrean las generaciones de Abraham hasta Sem, el hijo de Noé.

"Un Pacto de Sangre" 37
Max y Silvia continúan viajando por la Ruta de Oregón en una camioneta. Ellos descubren que Dios ordenó a Abram salir por fe y depender totalmente en Él. Dios hace un pacto con Abram garantizando que su descendencia tendría una tierra propia, para siempre.

"El Nuevo Nombre de Abram" 65
Max y Silvia toman una aventura en vagón. Ellos descubren que la presencia de Dios está con Abram durante su viaje.

"Fuego y Azufre" 87
Así como el Jefe de Caravana, Manuel tiene un plan para cada día del viaje. Dios tenía un plan para dirigir a Abram y su pueblo en medio de muchas dificultades en el camino a la Tierra Prometida. Él jamás dejó a Abraham.

"Abraham Celebra" 109
Max y Silvia continúan siguiendo los viajes de Abraham y aprenden que sin importar qué errores cometa Abraham, Dios sigue siendo fiel para protegerlo. Dios hace algo maravilloso por Abraham y Sara. Él les concede un hijo. Esto parecía imposible para ellos, pero nada es imposible para Dios.

"La Prueba de la Fe de Abraham" 129
Max y Silvia atraviesan el país y descubren las penurias de los pioneros. Ellos buscan en la Palabra de Dios para ver cómo Abraham, el siervo fiel de Dios, reacciona ante una solicitud imposible. ¿Qué prueba tenía Dios reservada para Abraham?

3 Después de dirigir a los estudiantes en una guía del Contenido, ve a "Buscando la Verdad" en la página 6. Lee en voz alta mientras los estudiantes siguen la lectura.

Guía de Instrucciones

(Página 6)

BUSCANDO LA VERDAD
¡UN ESTUDIO BÍBLICO QUE TU PUEDES HACER!

¡Hola! ¿Adivina qué? Silvia, Chispa (el gran perro detective) y yo iremos hacia el oeste para seguir la Ruta de Oregón. ¿No suena eso emocionante? Por cierto, mi nombre es Max y queremos que nos acompañes en una emocionante aventura en la Palabra de Dios al viajar por una calurosa y polvorienta tierra salvaje y descubrir a uno de los valientes exploradores de Dios, un hombre llamado Abram.

¿Sabías que los pioneros que siguieron la Ruta de Oregón dejaron atrás sus hogares, su país y sus familias para comenzar una nueva vida en una tierra que nunca antes habían visto, con la esperanza de poder tener una mejor vida? ¿Qué hay sobre Abram? ¿Quién es este valiente explorador? ¿Por qué él dejó su hogar y viajó a una tierra que no conocía? ¿Por qué cambió Dios su nombre de Abram a Abraham? ¿Y qué hizo él para tener una vida de bendiciones y ser llamado amigo de Dios? ¿No es asombroso pensar que Dios podría llamarte Su amigo?

Tienes tanto por descubrir sobre Abraham al estudiar el mapa de Dios, la Biblia, la fuente de toda la verdad, así que pídele al Espíritu de Dios que te guíe y te dirija. Además tienes este libro, que es un estudio bíblico inductivo.

La palabra inductivo quiere decir que irás directo a la Biblia por ti mismo para investigar la vida de Abraham en el libro de Génesis y descubrir qué significa, en lugar de depender de lo que alguien te diga que significa.

Así que empaca tu equipo, ¡y no olvides el mapa de Dios! Comencemos nuestro viaje hacia el oeste sobre terreno rugoso para descubrir qué significa andar por la fe y convertirse en amigo de Dios.
¡Hacia el oeste! ¡Vamos!

¡ESTOY LISTO PARA IR!

COSAS QUE NECESITARÁS
▼
Nueva Biblia Latinoamericana de Hoy o preferiblemente, la Biblia de Estudio Inductivo (BEI)
Lápiz o pluma
Lápices de colores
Tarjetas en blanco
Un Diccionario
Este libro de trabajo

Guía de Instrucciones

PRIMERA SEMANA

④ Lee la introducción en la página 7 y "Siguiendo al Valiente Explorador de Dios" en la página 8.

---

④

1

LA VALIENTE AVENTURA DE ABRAM

GÉNESIS 11-14

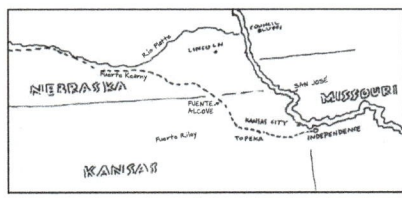

"¡Muy bien! La camioneta tiene el equipaje y está lista para salir. Oh no, ¿dónde está Chispa? Chispa, ¿dónde estás? Ven, perrito, estamos listos para irnos. ¡Cuidado, ahí viene! ¡Rápido! ¡Sal del camino! Qué alivio, justo a tiempo. Chispa, cálmate muchacho. Casi tumbas a Silvia.

"De acuerdo, subamos a la camioneta y vámonos de aquí. Nuestra primera parada es San Luis, Missouri, donde muchos de los pioneros llegaron desde sus casas para alistarse para la aventura de sus vidas. Así que saca el mapa de Dios, la Biblia y al dirigirnos hacia el oeste para nuestra gran aventura, descubramos sobre nuestro valiente explorador de Dios. ¿QUIÉN es Abram y POR QUÉ dejó su hogar? ¿Fue por el espíritu de la aventura o por una mejor vida, como lo fue para algunos de nuestros pioneros? Abramos el mapa de Dios para descubrirlo".

7

Guía de Instrucciones

Inclinen sus rostros y lean la oración en la página 8. Dios estará contigo a lo largo de este estudio.

SIGUIENDO AL VALIENTE EXPLORADOR DE DIOS

Estamos en camino. Al abrir el mapa de Dios para descubrir QUIÉN es Abram, ¿QUÉ es lo primero que necesitas hacer? ¿Lo sabes? ¡Así es! Orar. El estudio bíblico siempre debe comenzar con oración.

Necesitamos que Dios sea nuestro Jefe de Caravana al comenzar nuestro viaje por la Ruta de Oregón. El jefe de caravana estaba a cargo de toda la caravana de vagones cubiertos. Él tomaba todas las decisiones sobre detenerse o continuar. Él también decidía qué camino debían tomar. ¡Su palabra era la ley!

Así como el jefe de caravana cuidaba de los pioneros en su viaje, necesitamos que Dios nos dirija y enseñe con Su Espíritu al comenzar nuestro viaje en Su Palabra, para que podamos entender lo que Él dice y asegurarnos de manejar Su Palabra con precisión. Oremos y luego podemos comenzar leyendo el mapa de Dios.

Padre celestial, Te alabamos por ser nuestro Pastor que nos dirige al estudiar Tu Palabra. Abre nuestros ojos para que podamos ver la verdad al estudiar la vida de Abraham. Abre nuestros corazones para que podamos entender qué significa Tu Palabra. Ayúdanos a aplicar todo lo que aprendamos a nuestras vidas para que podamos ser más como Jesús. Queremos agradarte. Te amamos y pedimos estas cosas en el nombre de Jesús. Amén.

La vida de Abram comienza en el libro de Génesis, el cual es conocido como el libro de los orígenes. Así que al comenzar nuestra investigación sobre nuestro valiente explorador, necesitamos ponernos en contexto al repasar el libro de Génesis.

La Valiente Aventura de Abram

(5) ¿QUÉ es el contexto? El contexto es el marco o entorno en el que algo se encuentra. Esto es muy importante en el estudio bíblico. El contexto es una combinación de dos palabras: *con*, que significa "junto a", y *texto*, que quiere decir "lo que está escrito". Así que cuando buscas el contexto en la Biblia, buscas los versos y capítulos alrededor del pasaje que estás estudiando, como todo el libro de Génesis, además de revisar cómo estos encajan en toda la Biblia.

El contexto además incluye:

✞ El lugar donde algo ocurre. (Esto es el contexto geográfico, como saber dónde vivía Abram. ¿Vivía él en la tierra de Canaán o en los Estados Unidos?)

✞ El tiempo en la historia en que un evento ocurre. (Esto es el contexto histórico, por ejemplo, ¿vivió Abram antes de Noé y el diluvio o después del diluvio?)

✞ Las costumbres de un grupo de personas. (Esto es el contexto cultural. Por ejemplo, ¿vivió Abram en una tienda o en una casa como nosotros en la actualidad?)

Si ya has estudiado Génesis Parte Uno: *La Asombrosa Creación de Dios* y Génesis Parte Dos: *Desenterrando el Pasado*, entonces has descubierto por ti mismo que Génesis es un libro de generaciones. Una generación es lo que se trae a existencia. Ésta muestra de dónde provino algo o alguien. Una generación muestra el orden de nacimiento, la historia de la familia.

En Génesis 2:4 vemos las generaciones de los cielos y la tierra. En Génesis 5:1 vemos las generaciones de Adán. Vemos las generaciones de Noé en Génesis 6:9; las generaciones de Sem, Cam y Jafet en Génesis 10:1 y las generaciones de Sem en Génesis 11:10. ¿DÓNDE encaja Abram en estas generaciones? Vamos a averiguarlo.

Ve a tu Registro de Observaciones en la página 157. Los Registros de Observaciones son las páginas que tienen el texto bíblico impreso para que lo uses al hacer tu investigación de la vida de Abram.

Ahora lee Génesis 11:24-32 y marca toda referencia de Abram de una manera especial coloreando *Abram* de azul, junto con cualquier

Guía de Instrucciones

(5) Repasa el significado del "contexto" y de Génesis como el libro de las generaciones en la página 9. Explica qué es una generación y repasa las generaciones de Génesis 2:4-11:10.

Guía de Instrucciones

Discute los pronombres en la página 10.

6 Ve a la página 158 y lee Génesis 11:24-32 en voz alta mientras los estudiantes siguen la lectura. Si eres un maestro en un aula de clases y cuentas con un proyector, haz una proyección de tu Registro de Observaciones para tener una ayuda visual. Puedes hacer un cartel y colgarlo en una pared y luego pedir a tus estudiantes que mencionen cada referencia de *Abram* a medida que leen y marcan juntos: tú en tu imagen proyectada o cartel y ellos en sus libros. Si sabes manejar PowerPoint y tienes tiempo, puedes importar un Registro de Observaciones y luego seleccionar formas de entre las herramientas de PowerPoint, colorearlas y ubicarlas encima de las palabras, e incluso podrías animarlas, hacer que se presenten una a la vez.

Después de que hayas marcado *Abram*, vuelve y lee los versos de nuevo y pide a los niños que marquen la frase clave "*estas son las generaciones de*" al dibujar un cuadro azul alrededor de la frase. Luego discute cómo conseguir información a través de las seis preguntas básicas en las páginas 10-11. Regresa a los versos seleccionados e interroga con las seis preguntas básicas en las páginas 12-13.

5

pronombre que también se refieran a Abram. ¿QUÉ son los pronombres? Revisa el mapa de Max y Silvia a continuación.

PRONOMBRES

Los pronombres son palabras que toman el lugar de los sustantivos. Un sustantivo es una persona, lugar o una cosa. ¡Un pronombre representa a un sustantivo! Aquí hay un ejemplo: "Silvia y Max se dirigen hacia el oeste para viajar por la Ruta de Oregón. Ellos tendrán que manejar aproximadamente 4.828 kms. desde su hogar para llegar al final de la ruta". La palabra *ellos* es un pronombre porque reemplaza los nombres de Silvia y Max en la segunda oración. Es otra palabra que usamos para referirnos a Silvia y a Max.

Presta atención a estos otros pronombres cuando estés marcando personas:

Yo	tú	él	ella
mí	tuyo	suyo	
mío			
nosotros			
nuestro	nos		
ellos	su		

Ahora que has marcado a *Abram*, vuelve y marca una de las frases clave en el libro de Génesis: "*estas son las generaciones de*" colocando un rectángulo azul alrededor de esta frase clave.

(Página 158)

6

24 Nacor vivió 29 años, y fue padre de Taré.

25 Y vivió Nacor 119 años después de haber engendrado a Taré, y tuvo *otros* hijos e hijas.

26 Taré vivió 70 años, y fue padre de Abram, de Nacor y de Harán.

27 Estas son las generaciones de Taré: Taré fue padre de Abram, de Nacor y de Harán. Harán fue padre de Lot.

Guía de Instrucciones

REGISTRO DE OBSERVACIONES 159

28 Harán murió en presencia de su padre Taré en la tierra de su nacimiento, en Ur de los caldeos.
29 Abram y Nacor tomaron para sí mujeres. El nombre de la mujer de Abram *era* Sarai, y el nombre de la mujer de Nacor, Milca, hija de Harán, padre de Milca y de Isca.
30 Pero Sarai era estéril; no tenía hijo.
31 Y Taré tomó a Abram su hijo, a su nieto Lot, hijo de Harán, y a Sarai su nuera, mujer de su hijo Abram. Salieron juntos de Ur de los caldeos, en dirección a la tierra de Canaán. Llegaron hasta Harán, y se establecieron allí.
32 Los días de Taré fueron 205 años. Y murió Taré en Harán.

(Página 10)

---

siempre obtiene los hechos al hacer muchas preguntas antes de comenzar un viaje.

Veamos QUÉ podemos aprender sobre Abram y su familia al hacer las seis preguntas básicas. ¿Qué son las seis preguntas básicas? Corresponden a las preguntas QUÉ, QUIÉN, CÓMO, CUÁNDO, DÓNDE y POR QUÉ.

1. Quién te ayuda a averiguar:

    ¿QUIÉN escribió esto?

    ¿Sobre QUIÉNES estamos leyendo?

La Valiente Aventura de Abram 11

¿A QUIÉN fue escrito?

¿QUIÉN dijo esto o hizo aquello?

2. Preguntando QUÉ te ayuda a entender:

    ¿De QUÉ está hablando el autor?

    ¿CUÁLES son las principales cosas que suceden?

3. DÓNDE te ayuda a aprender:

Guía de Instrucciones

¿De QUIÉN son estas generaciones en Génesis 11:27? Las generaciones de Taré

Génesis 11:27 ¿De QUIÉNES fue padre Taré? Abram, Nacor y Harán

(Página 12)

Génesis 11:27 ¿De QUIÉN fue padre Harán?
Lot

Génesis 11:29 ¿QUIÉN era la esposa de Abram?
Sarai

Génesis 11:30 ¿QUÉ vemos sobre Sarai?
Ella era estéril.

Génesis 11:31 ¿DÓNDE vivía la familia de Taré?
En Ur de los Caldeos

La Valiente Aventura de Abram 13

Génesis 11:31 ¿DÓNDE estableció Taré a su familia?

En Harán

Génesis 11:32 ¿QUÉ ocurrió con Taré en Harán?

Él murió.

Guía de Instrucciones

Génesis 11:27 ¿De QUIÉN fue padre Harán? Lot

Génesis 11:29 ¿QUIÉN era la esposa de Abram? Sarai

Génesis 11:30 ¿QUÉ vemos sobre Sarai? Ella era estéril.

Génesis 11:31 ¿DÓNDE vivía la familia de Taré? En Ur de los Caldeos

Génesis 11:31 ¿DÓNDE estableció Taré a su familia? En Harán

Génesis 11:32 ¿QUÉ ocurrió con Taré en Harán? Él murió.

Guía de Instrucciones

7 Mira el Árbol Genealógico de Taré. Vuelve a leer Génesis 11:27-29 para escribir los nombres de los familiares en estos versos. Completaremos este árbol genealógico a medida que avancemos en nuestro estudio.

Debajo de Taré, escribe Abram, Nacor y Harán (Génesis 11:27).

Lee los siguientes versos para completar el árbol genealógico de Taré.

Debajo de Abram escribe el nombre de su esposa. Sarai (Génesis 11:29)

Debajo de Nacor escribe el nombre de su esposa. Milca (Génesis 11:29)

Debajo de Harán escribe los nombres de sus hijos.
Lot, su hijo (Génesis 11:27)
Milca, su hija (Génesis 11:29)
Isca, su hija (Génesis 11:29)

Continuaremos agregando nombre al árbol genealógico mientras avanzamos. Puedes revisar un árbol completo en la página 206.

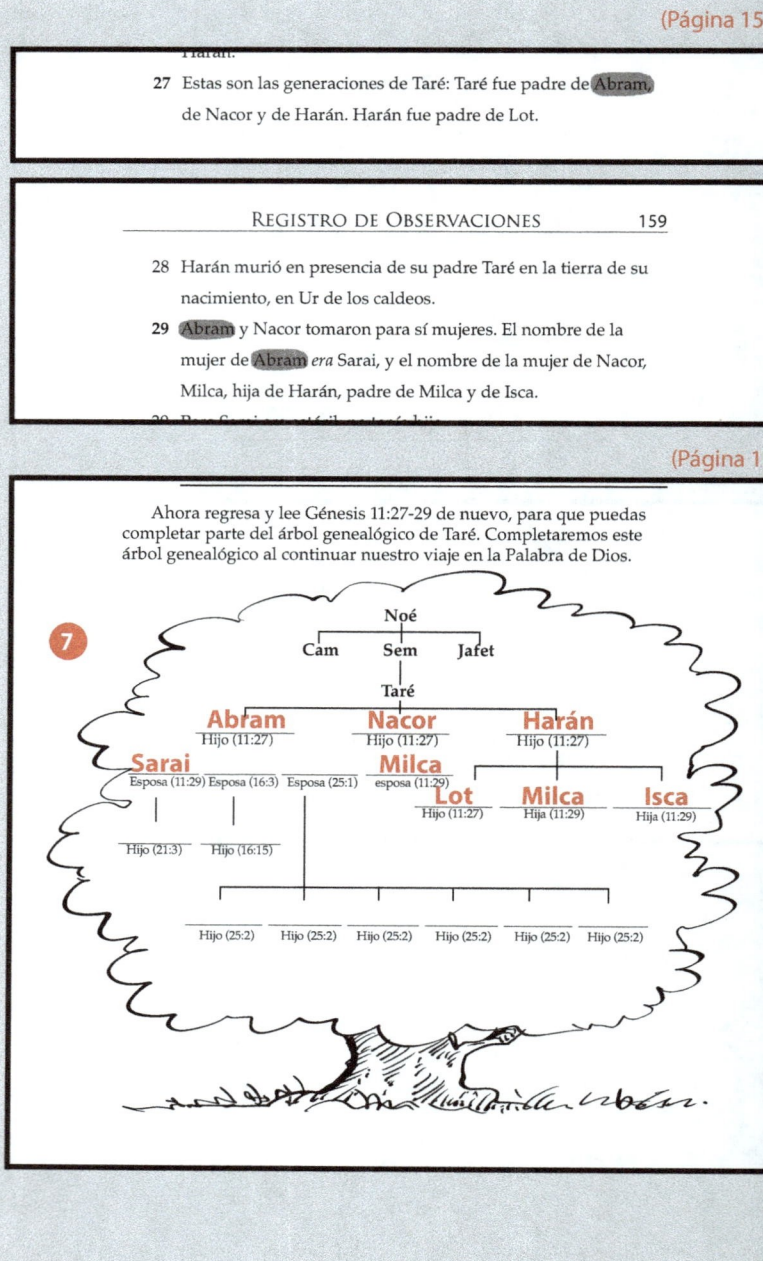

Guía de Instrucciones

8 Ve a la página 14 y sigue el camino en el laberinto para descubrir el verso para memorizar. Escribe el verso en la página 15. Cópialo en una tarjeta. Practícalo en voz alta tres veces seguidas, tres veces al día.

Primera Semana

¡Vaya! ¡Mira todo lo que has descubierto de tan solo una pequeña porción del mapa de Dios! ¡Te convertirás en un gran explorador!

Antes que lleguemos a San Luis, hay algo más que necesitas hacer. Un valiente explorador de Dios necesita estar preparado para el viaje que Dios ha planeado para él o ella y la única manera de estar preparado para lo que sea que Dios tiene para ti, es conocer Su Palabra. Guardar la Palabra de Dios en tu corazón te mantendrá en el camino correcto cuando el viaje se vuelva difícil y te dará esperanza al poner tu fe en Dios.

Como parte de tu viaje a través de la naturaleza, necesitas aprender un verso de memoria cada semana para que cuando llegues a la ciudad de Oregón, en el estado de Oregón, estés plenamente equipado para lo que sea que Dios ha planeado para tu vida.

Para descubrir el verso de esta semana, usa tus habilidades de navegación para encontrar el camino correcto en el laberinto a continuación. Luego completa los espacios en blanco con las palabras correctas en las líneas después del laberinto.

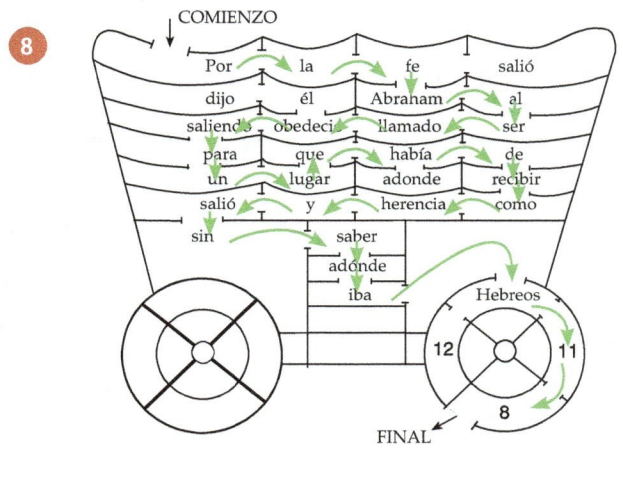

Guía de Instrucciones

Por la fe Abraham, al ser llamado, obedeció, saliendo para un lugar que había de recibir como herencia; y salió sin saber adónde iba.

Hebreos 11:8

9 Ve a la página 193 y resalta el verso 8 de amarillo. Escribe VM en el margen que significa "Verso para Memorizar".

Has completado una lección atareada. Dios ha notado tu diligencia al estudiar Su Palabra.

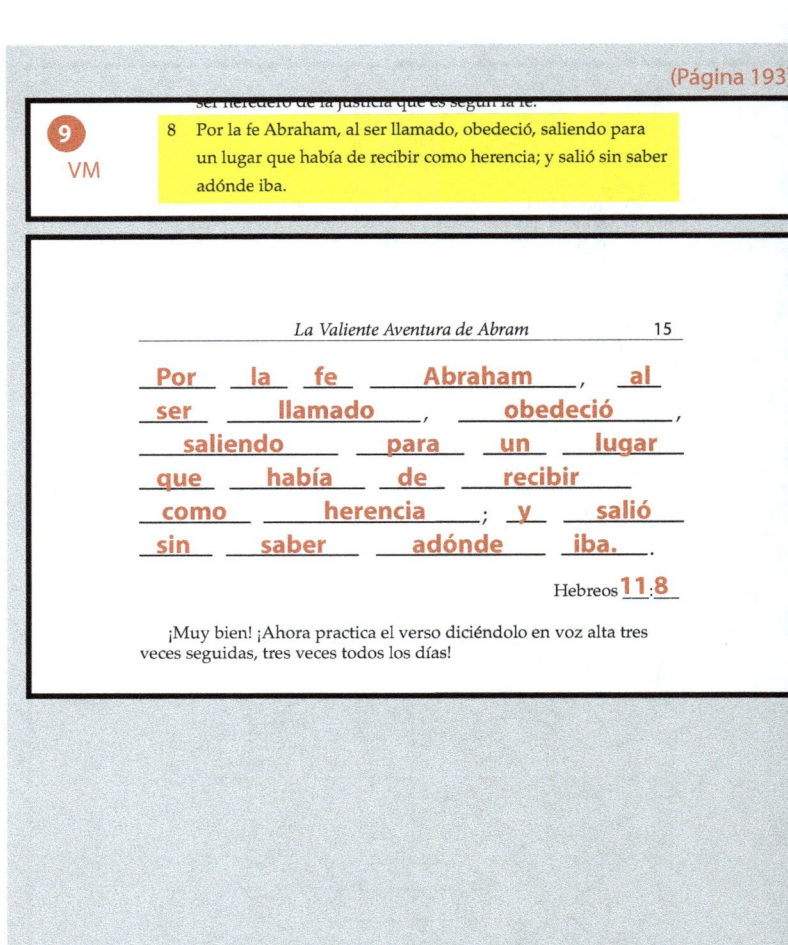

La Valiente Aventura de Abraham

(Página 15)

Dios llama a Abram

"¡Miren!" exclamó Silvia mientras Max, Chispa y sus familias iban por el parque en San Luis hacia el arco de San Luis. "Ahí está, justo al frente. ¡No puedo creer lo grande que es!"

"¡Oh, cielos! Apúrense todos. No puedo esperar para verlo de cerca. ¿Realmente podremos llegar hasta la parte más alta del arco, papá?"

"Seguro, Max", respondió Lucas, el padre de Max. "Podemos subir todo el camino hasta la cima en una cápsula pequeña de cinco pasajeros. Luego podemos salir hacia lo más alto del arco y mirar a través de unas ventanas muy pequeñas".

"Esto será asombroso", dijo Max. "¿Qué tan alto estaremos?"

La tía de Max, Katy, quien es la mamá de Silvia, respondió al leer la guía. "El arco es uno de los monumentos más grandes y más altos de los Estados Unidos. ¡Tiene 192 metros de altura!"

 10

16 PRIMERA SEMANA

"Genial" respondió Max. "Ya casi estamos ahí. Hagamos una carrera, Silvia".

"Está bien", dijo Silvia riendo. "¡Vamos!", gritó ella al salir corriendo por el césped para vencer a Max y ser la primera en tocar el arco.

Ahora, mientras nos dirigimos al interior del arco con Max, Silvia y Chispa y sus familias, para subir hasta la cima, hablemos con nuestro Jefe de Caravana, Dios. Luego podremos sacar el mapa de Dios y descubrir qué estaba pasando con Abram, nuestro valiente explorador.

Al subir hasta lo más alto del arco, ve a tu Registro de Observaciones en Génesis 11:24-32 en las páginas 158-159.

Repasemos lo que vimos ayer cuando descubrimos quién era la

Guía de Instrucciones

Hoy repasarás algunos pasajes para ponerte en contexto. Luego revisarás unas referencias cruzadas para comparar pasajes sobre los viajes de Abram.

Pide a Dios que aclare tu mente y te dé entendimiento y persistencia para completar esta lección.

  Ve a la página 15 y lee "Dios llama a Abram". Luego ve a la página 158 y vuelve a leer Génesis 11:24-32 para responder las respuestas a las preguntas de las páginas 16-18.

Guía de Instrucciones

(Página 15)

24 Nacor vivió 29 años, y fue padre de Taré.
25 Y vivió Nacor 119 años después de haber engendrado a Taré, y tuvo *otros* hijos e hijas.
26 Taré vivió 70 años, y fue padre de **Abram**, de Nacor y de Harán.
27 Estas son las generaciones de Taré: Taré fue padre de **Abram**, de Nacor y de Harán. Harán fue padre de Lot.

REGISTRO DE OBSERVACIONES 159

28 Harán murió en presencia de su padre Taré en la tierra de su nacimiento, en Ur de los caldeos.
29 **Abram** y Nacor tomaron para sí mujeres. El nombre de la mujer de **Abram** *era* Sarai, y el nombre de la mujer de Nacor, Milca, hija de Harán, padre de Milca y de Isca.
30 Pero Sarai era estéril; no tenía hijo.
31 Y Taré tomó a **Abram** su hijo, a su nieto Lot, hijo de Harán, y a Sarai su nuera, mujer de su hijo **Abram**. Salieron juntos de Ur de los caldeos, en dirección a la tierra de Canaán. Llegaron hasta Harán, y se establecieron allí.
32 Los días de Taré fueron 205 años. Y murió Taré en Harán.

La Valiente Aventura de Abraham

(Página 16)

Repasemos lo que vimos ayer cuando descubrimos quién era la familia de Abram.

Génesis 11:31 ¿DÓNDE vivían?

Ur de los **Caldeos**

¿ADÓNDE se dirigía Taré (padre de Abram) con Abram, Lot (nieto de Taré y sobrino de Abram) y Sarai (esposa de Abram)?

La **tierra** de **Canaán**

Pero cuando empezaron su viaje, ¿ADÓNDE fueron a parar?

En **Harán**

Génesis 11:32 ¿Y luego QUÉ ocurrió?

Taré murió.

La Valiente Aventura de Abram 17

Ahora ¿POR QUÉ decidió Taré mudar a su familia? ¿Lo sabes? Vamos a averiguarlo haciendo algunas referencias cruzadas. ¿QUÉ son las *referencias cruzadas*? Es donde comparamos Escritura con Escritura al revisar otros pasajes en la Biblia. Esta es una herramienta de estudio bíblico muy importante que podemos usar al buscar el significado de una Escritura, pues sabemos que la Escritura nunca contradice a la Escritura.

Vamos a sacar el mapa de Dios (la Biblia). Busca y lee Hechos 7:1-5.

Viendo Hechos 7:2-3, ¿POR QUÉ Abraham (Abram) decide dejar su país?

Dios le dijo que viniera a una tierra que Él le mostraría.

Hechos 7:2 ¿CUÁNDO le habló Dios a Abram?

Cuando él estaba en **Mesopotamia**, antes que viviera en **Harán**.

Hechos 7:3 ¿QUÉ le dijo Dios a Abraham que hiciera?

"Sal de tu tierra y de tu familia y ve a la tierra que Yo te mostraré".

Guía de Instrucciones

Génesis 11:31 ¿DÓNDE vivían? Ur de los Caldeos

¿ADÓNDE se dirigía Taré con Abram, Lot y Sarai? La tierra de Canaán

Pero cuando empezaron su viaje, ¿ADÓNDE fueron a parar? En Harán

Génesis 11:32 ¿Y luego QUÉ ocurrió? Taré murió.

Encuentra Hechos en tu biblia y lee los siguientes versos para responder las preguntas.

Hechos 7:2-3 ¿POR QUÉ Abraham (Abram) decide dejar su país? Dios le dijo que viniera a una tierra que Él le mostraría.

Hechos 7:2 ¿CUÁNDO le habló Dios a Abram? Cuando él estaba en Mesopotamia, antes que viviera en Harán.

Hechos 7:3 ¿QUÉ le dijo Dios a Abraham que hiciera? "Sal de tu tierra y de tu familia y ve a la tierra que Yo te mostraré".

Guía de Instrucciones

Hechos 7:4 ¿QUÉ hizo Abraham? <u>Él salió de la tierra de los caldeos y se estableció en Harán.</u>

Hechos 7:4 ¿QUÉ le hizo hacer Dios a Abraham después de la muerte de su padre? <u>Él lo "trasladó" de Harán al país nuevo.</u>

Lee Isaías 51:1, 2 en tu biblia.

Isaías 51:2 ¿CUÁNDO llamó Dios a Abraham? <u>Cuando *"él era uno"*.</u>

Isaías 51:2 ¿QUÉ sucedió cuando Dios llamó a Abraham? <u>Dios lo bendijo y lo multiplicó.</u>

⑪ Busca y vuelve a leer Hebreos 11:8.

La Valiente Aventura de Abraham

(Página 18)

¿QUÉ hizo Abraham cuando él fue llamado?

Él o **b e d e c i** ó.

¿CÓMO? Al **Por la fe, Abraham obedeció al salir a un lugar que recibiría como herencia; y salió sin saber adónde iba.**

¿Sabía Abraham ADÓNDE iba?

_____

Echa un vistazo al mapa en la siguiente página para ver la ruta que Abraham tomó para llegar a Canaán.

Ahora sabemos POR QUÉ Taré decidió que su familia debía mudarse. Hechos 7 nos dice que Dios se apareció a Abraham y le dijo que dejara su país y su familia para ir a una tierra que Él le mostraría. Isaías 51 y Hebreos 11 nos muestran que Dios llamó a Abraham.

La Valiente Aventura de Abram — 19

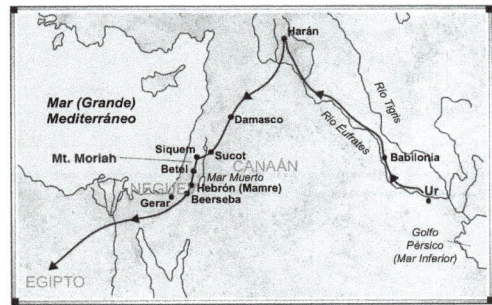

En Hebreos también vemos que Abraham obedeció, sin saber adónde iba. ¿No es eso asombroso?

Abraham tenía fe. Él confió y siguió a Dios cuando Dios lo llamó, aun cuando él no sabía adónde lo llevaría.

¿Qué hay de ti? ¿Has puesto tu fe en Dios? ¿Estás dispuesto a seguirle? ¿Obedeces cuando Dios te muestra lo que necesitas hacer? Piensa sobre cómo respondes el llamado de Dios.

Vamos a descubrir más al continuar nuestro viaje mañana. Ahora que hemos llegado a la parte más alta del arco, ¡practiquemos nuestro verso para memorizar al contemplar el fantástico paisaje de San Luis desde 192 metros sobre la tierra!

Guía de Instrucciones

¿Qué hizo Abraham cuando él fue llamado? Él o b e d e c i ó.

¿Cómo? Por la fe, Abraham obedeció al salir a un lugar que recibiría como herencia; y salió sin saber adónde iba.

¿Sabía Abraham adónde iba?

Discute sobre esto y responde la pregunta por cuenta propia.

12 Revisa el mapa en la página 19 y rastrea el viaje de Abraham hacia la tierra nueva.

Discute. ¿QUÉ hay de ti? ¿Confías en el futuro de Dios?

Guía de Instrucciones

Así como los pioneros americanos necesitaban planes y un guía, tú necesitas al Señor para permanecer en el camino con seguridad. Pide a Dios que esté a tu lado al profundizar más en Su Palabra hoy.

Cuelga un mapa de los Estados Unidos en la pared. Ubica la ciudad de Independence, Missouri. Este fue el punto de partida en el viaje de los pioneros en la Ruta de Oregón.

13 **Ve al mapa en la página 19 y rastrea el viaje de Abraham. Encierra a Ur de verde.** Este es el punto de partida para la salida por fe de Abraham. **Luego encierra Harán de verde.** Aquí es donde Abraham se estableció.

14 Lee "Aprendiendo a Seguir a Dios" en las páginas 19-20.

(Página 19)

APRENDIENDO A SEGUIR A DIOS

"¿No fue increíble estar en la cima del arco?" preguntó Max a Silvia mientras desayunaban la mañana siguiente.

(Página 19)

20   PRIMERA SEMANA

"Sí, me encantó", respondió Silvia. "Pero subir hasta allá fue otra cosa. Esa diminuta cápsula era taaan pequeña y sofocante. Creí que esos cuatro minutos no acabarían nunca".

Max se rió al responder: "A Chispa tampoco le gustó mucho. Jamás lo había escuchado ladrar tanto, ¿y tú?"

La mamá de Max, Lucy, respondió: "Chispa, casi haces que nos boten del arco. Ahora sé un buen perro hoy cuando vayamos a Independence, Missouri, uno de los tres lugares de partida para los pioneros. Será el inicio oficial de nuestro viaje en la Ruta de Oregón".

"¡Sí!" exclamaron Max y Silvia. "¡Estamos listos para ir!"

¿Qué hay de ti? ¿Has hablado con tu Jefe de Caravana? Comencemos el siguiente tramo de nuestro viaje. Ve a la página 159 a Génesis 12. Hoy al leer nuestro mapa necesitamos marcar algunas palabras clave.

¿Qué son las *palabras clave*? Son palabras que aparecen más de una vez. Son llamadas palabras clave porque ayudan a descifrar el significado del capítulo o del libro que estás estudiando y te dan pistas sobre qué es lo más importante en un pasaje de las Escrituras.

✞ Las palabras clave son usadas usualmente una y otra vez.

✞ Las palabras clave son importantes.

✞ Las palabras clave son usadas por el autor por una razón.

(Página 20)

Una vez que descubras una palabra clave, tendrás que marcarla de una manera especial usando un color o símbolo en particular para que puedas identificarla inmediatamente en las Escrituras. ¡No olvides marcar también cualquier pronombre que se refiera a las palabras clave! Lee Génesis 12 y marca las siguientes palabras clave:

15

Dios (dibuja un triángulo morado y coloréalo de amarillo)

Abram (coloréalo de azul)

(Página 21)

Bendecir (bendición, bendijo) (coloca una nube azul alrededor y coloréala de rosado)

Tierra (subráyala con doble línea de color verde y colorea la palabra de azul)

Altar (dibuja un cuadro rojo alrededor)

Lot (coloréalo de naranja)

Hambre (enciérrala en un cuadro y coloréala de café)

No olvides marcar cualquier cosa que te indique DÓNDE ocurrió algo subrayando el lugar con doble línea verde. Y no olvides marcar cualquier cosa que te indique CUÁNDO dibujando un reloj verde como este:

(Página 159)

17 **Capítulo 12**

1 Y el S*EÑOR* dijo a Abram:
   "Vete de tu tierra,
   De *entre* tus parientes
   Y de la casa de tu padre,
   A la tierra que Yo te mostraré.
2 Haré de ti una nación grande,
   Y te bendeciré,
   Engrandeceré tu nombre,
   Y serás bendición.
3 Bendeciré a los que te bendigan,
   Y al que te maldiga, maldeciré.
   En ti serán benditas todas las familias de la tierra".
4 Entonces Abram se fue tal como el S*EÑOR* le había dicho, y Lot se fue con él. Abram *tenía* 75 años cuando salió de Harán.

Guía de Instrucciones

15 Pide a tus estudiantes que elaboren un separador de palabras clave copiando las palabras clave en una tarjeta. Ve a la página 159 y lee Génesis 12 en voz alta usando tu ayuda visual del Registro de Observaciones, mientras los estudiantes mencionan cada palabra clave en la lectura. Luego marquen juntos como lo indicamos en la página 14.

Señor (dibuja un triángulo morado y coloréalo de amarillo)

Abram (coloréalo de azul)

Bendecir (bendición, bendijo) (coloca una nube azul alrededor y coloréala de rosado)

Tierra (subráyala con doble línea de color verde y colorea la palabra de azul)

Altar (dibuja un cuadro rojo alrededor)

Lot (coloréalo de naranja)

Hambre (enciérrala en un cuadro y coloréala de café)

DÓNDE (subraya con doble línea de color verde las palabras que denoten lugares)

CUÁNDO (dibuja un reloj verde sobre las palabras que denoten tiempo)

Guía de Instrucciones

Este es uno de los capítulos más emocionantes en el libro de Génesis. Dios estaba guiando a Abraham y su familia a una nueva tierra.

REGISTRO DE OBSERVACIONES — 160

5 Abram tomó a Sarai su mujer y a Lot su sobrino, y todas las posesiones que ellos habían acumulado y las personas que habían adquirido en Harán, y salieron para ir a la tierra de Canaán; y a la tierra de Canaán llegaron.

6 Abram atravesó el país hasta el lugar de Siquem, hasta la encina de More. Los cananeos *habitaban* entonces en esa tierra.

7 El Señor se apareció a Abram y *le* dijo: "A tu descendencia daré esta tierra". Entonces Abram *edificó* allí un altar al Señor que se le había aparecido.

8 De allí se trasladó hacia el monte al oriente de Betel, y plantó su tienda, *teniendo a* Betel al occidente y Hai al oriente. Edificó allí un altar al Señor, e invocó el nombre del Señor.

9 Y Abram siguió su camino, continuando hacia el Neguev.

10 Pero hubo hambre en el país, y Abram descendió a Egipto para pasar allí un tiempo, porque el hambre era severa en aquella tierra.

11 Cuando se estaba acercando a Egipto, Abram dijo a Sarai su mujer: "Mira, sé que eres una mujer de hermoso parecer;

12 y sucederá que cuando te vean los egipcios, dirán: 'Esta es su mujer'; y me matarán, pero a ti te dejarán vivir.

13 Di, por favor, que eres mi hermana, para que me vaya bien por causa tuya, y para que yo viva gracias a ti".

14 Cuando Abram entró en Egipto, los egipcios vieron que la mujer era muy hermosa.

15 La vieron los oficiales de faraón y la alabaron delante de él. Entonces la mujer fue llevada a la casa de faraón.

16 Y *éste* trató bien a Abram por causa de ella. Le dio ovejas, vacas, asnos, siervos, siervas, asnas y camellos.

REGISTRO DE OBSERVACIONES — 161

17 Pero el Señor hirió a faraón y a su casa con grandes plagas por causa de Sarai, mujer de Abram.

18 Entonces faraón llamó a Abram, y le dijo: "¿Qué es esto que me has hecho? ¿Por qué no me avisaste que era tu mujer?

19 ¿Por qué dijiste: 'Es mi hermana', de manera que la tomé por mujer? Ahora pues, aquí está tu mujer, tóm*ala* y vete".

20 faraón dio órdenes a *sus* hombres acerca de Abram; y ellos lo despidieron con su mujer y con todo lo que le pertenecía.

La Valiente Aventura de Abraham

(Página 21)

16 Ahora hagamos una lista para ver qué prometió Dios a Abram.

Génesis 12:1 Te daré una t **i e r r** a que te mostraré.

Génesis 12:2 Haré de ti una **nación grande**.

Génesis 12:2 Te **bendeciré** y engrandeceré tu **nombre**.

Génesis 12:7 A tu **descendencia** daré esta **tierra**.

Al seguir a Abraham en nuestro viaje de fe, necesitamos observar lo que Dios hace. ¿Guarda Dios Sus promesas a Abram? Recuerda que Sarai es estéril en este momento. Estéril quiere decir que ella y Abram nunca han tenido un hijo, pero Dios ha prometido hacer de Abram una gran nación y dar esta tierra a sus descendientes. Para que Dios pueda hacer de Abram una gran nación, sabemos que algún día Él les dará un hijo a Abram y Sarai.

---

22   PRIMERA SEMANA

Ahora procedamos a obtener los hechos al hacer las seis preguntas básicas.

Génesis 12:4 ¿CUÁNTOS años tiene Abram cuando él parte de Harán?

75 años

¿Puedes creer que Abram tiene 75 años y todavía no tiene hijos? (Por cierto, ¿recordaste poner un reloj verde encima de la edad de Abram?

Génesis 12:5 ¿A QUIÉN llevó Abram consigo? **Su esposa Sarai, su sobrino Lot y personas que había adquirido en Harán.**

Guía de Instrucciones

16 Ve a la página 21 y completa la lista para descubrir qué prometió Dios a Abram.

Génesis 12:1 Te daré una t i e r r a que te mostraré.

Génesis 12:2 Haré de ti una nación grande.

Génesis 12:2 Te bendeciré y engrandeceré tu nombre.

Génesis 12:7 A tu descendencia daré esta tierra.

17 Ve a la página 159 y lee de nuevo Génesis 12:4-9 para responder las preguntas en las páginas 22-24.

Génesis 12:4 ¿CUÁNTOS años tiene Abram cuando él parte de Harán? 75 años

Génesis 12:5 ¿A QUIÉN llevó Abram consigo? Su esposa Sarai, su sobrino Lot y personas que había adquirido en Harán.

Guía de Instrucciones

Génesis 12:5 ¿ADÓNDE se dirigen? A la tierra de Canaán

Génesis 12:6 ¿QUÉ tan lejos llegó Abram? Siquem, hasta la encina de More

Echa un vistazo al mapa. Revisa en qué lugar se detuvo Abram y encierra el lugar de verde.

Génesis 12:7 ¿QUÉ sucedió en estos versos? El Señor se apareció a Abram y le dijo que Él le daría esta tierra a la descendencia de Abram.

¿QUÉ edificó allí Abram? Un altar al Señor

Génesis 12:8 ¿QUÉ hizo Abram aquí? Edificó otro altar al Señor e invocó Su Nombre.

Génesis 12:9 ¿ADÓNDE viajó Abram? Al Neguev

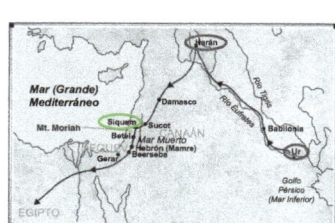 Responde las preguntas en las páginas 23-24.

Génesis 12:10 ¿QUÉ ocurre? Hubo hambre en la tierra. Así que Abraham descendió a Egipto.

La Valiente Aventura de Abraham

(Página 23)

Génesis 12:11-13 ¿QUÉ le dijo Abram a Sarai que hiciera cuando ellos llegaran a Egipto?

Él le dijo a Sarai que dijera que ella es su hermana para que lo dejaran vivir.

Génesis 12:15 ¿QUÉ hizo faraón?

Tomó a Sarai.

PRIMERA SEMANA

Génesis 12:16 ¿CÓMO fue tratado Abram?
Bien—recibió ovejas, vacas, asnos, siervos y siervas, asnas y camellos.

Génesis 12:17 ¿QUÉ hizo el Señor?

Hirió a faraón y su casa con plagas.

Génesis 12:17 ¿POR QUÉ?

Por causa de Sarai

Génesis 12:18 ¿QUÉ hizo faraón?

Entregó a Sarai de vuelta a Abram y sus hombres los despidieron fuera del país.

¡Mira todo lo que hemos descubierto hoy! Cuando Abram comienza su viaje para seguir a Dios, él llega a Siquem donde Dios se le aparece y le recuerda Su promesa. ¿CÓMO responde Abram? Él edifica un altar y adora a Dios.

Luego, al continuar su viaje a Hai, no solo vemos a Abram edificando otro altar para adorar a Dios, sino que también lo vemos invocando el nombre del Señor.

¿Sabías que en la Biblia el nombre de una persona revela su carácter? Así que cuando Abram invocaba el nombre de Dios, él estaba reconociendo a Dios por QUIEN Él es, Su carácter y Sus caminos. Adorar a Dios es reconocer Su valor, darle el honor y reverencia que Le pertenecen. Es alabar a Dios por QUIEN Él es.

Guía de Instrucciones

Génesis 12:11-13 ¿QUÉ le dijo Abram a Sarai que hiciera cuando ellos llegaran a Egipto? Él le dijo a Sarai que dijera que ella es su hermana para que lo dejaran vivir.

Génesis 12:15 ¿QUÉ hizo Faraón? Tomó a Sarai.

Génesis 12:16 ¿CÓMO fue tratado Abram? Bien—recibió ovejas, vacas, asnos, siervos y siervas, asnas y camellos.

Génesis 12:17 ¿QUÉ hizo el Señor? Hirió a faraón y su casa con plagas.

Génesis 12:17 ¿POR QUÉ? Por causa de Sarai

Génesis 12:18 ¿QUÉ hizo Faraón? Entregó a Sarai de vuelta a Abram y sus hombres los despidieron fuera del país.

Lee el texto en las páginas 24-25. Discute para responder las preguntas en la página 25.

Abraham, El Valiente Explorador de Dios - Primera Semana

Guía de Instrucciones

Esta lección requirió tu concentración y diligencia. ¡Dios se agrada de ti!

La Valiente Aventura de Abram 25

Dios ha sido fiel para llevar a Abram en su viaje a la tierra que Él le había prometido, así que Abram edificó altares para adorar a Dios e invocar Su nombre.

Pero ¿qué sucede luego? Llega una hambruna a la tierra y en lugar de preguntarle a Dios qué debería hacer, Abram se va por su cuenta. Él desciende a Egipto. ¿Sabías que Egipto es una figura del mundo?

No solo vemos a Abram tomando su propio camino en lugar del de Dios al dirigirse a Egipto, sino que también vemos que él se mete en problemas. Abram le dice a Sarai que él teme que faraón lo mate si él llega a enterarse que ella es su esposa, así que le dice que le diga a faraón que ella es su hermana. Esto nos muestra que Abram temía al hombre más de lo que temía a Dios.

Solo mira los problemas que eso conlleva. Dios hiere a faraón y su casa porque faraón ha tomado a Sarai.

¡QUÉ desastre! ¿Es Abram perfecto? No, acabamos de ver a Abram cometer un error muy grande. Pero ¿cambia Dios de opinión en cuanto a Su promesa a Abram? ¡Claro que no! Dios rescata a Abram al herir a faraón y a su casa.

A pesar de que Abram falló, Dios no lo rechazó. Él todavía ama a Abram y tiene un plan para su vida. Esto nos muestra que Dios es un Dios de gracia y misericordia. La gracia es un favor no merecido. No podemos ganarnos el amor y perdón de Dios, es un regalo. Además vemos que Dios tiene longanimidad. Esto quiere decir que Dios es paciente con nosotros mientras aprendemos a depender y apoyarnos en Él. Abram apenas está empezando su viaje de fe, aprendiendo a confiar y depender de Dios.

¿QUÉ hay de ti? ¿CUÁL es tu relación con Dios? Abram temía a faraón. ¿Alguna vez has temido y dicho algo que no debiste decir para poder salir de una situación difícil? ____ Sí ____ No

Si lo has hecho, escribe lo que hiciste en las líneas a continuación.

_____

_____

Ahora ora y pídele a Dios que te ayude a confiar en Él la próxima vez que tengas miedo. ¡Pídele que te dé el valor para hacer lo correcto!

---

26 Primera Semana

Muy bien, ¡estás en camino en tu viaje de fe! ¡No olvides practicar tu verso de memoria tres veces seguidas, tres veces al día!

La Valiente Aventura de Abraham

(Página 26)

CONFLICTO Y DECISIONES

⑲ Cuando la camioneta llegó al Centro de Rutas de la Frontera Nacional en Independencia, Missouri, Max dijo: "Independencia, Missouri, uno de los tres puntos de partida para los pioneros. ¿Sabías que nuestra guía turística dice que al oeste de aquí se encuentra el lugar donde los pioneros llenaban sus barriles de agua antes de partir hacia el oeste?"

"Eso es correcto, Max", dijo el tío Guillermo, quien es el papá de Silvia. "Cuando los emigrantes llegaron aquí, lo primero que hicieron fue buscar un vagón en el que pudieran unirse. Luego, ellos necesitaban obtener las provisiones, herramientas y animales para el largo y duro viaje que estaba ante ellos. ¿Sabes que tuvieron que hacer después de armar la caravana y empacar sus provisiones? Ellos tuvieron que esperar por una cosa más".

"Lo sé, papá", dijo Silvia. "Ellos tuvieron que esperar que el césped se volviera verde para que pudieran alimentar a sus caballos, bueyes y otros animales a lo largo del camino".

La Valiente Aventura de Abram 27

"Así es, Silvia", respondió su papá. "Ahora vayamos todos adentro y aprendamos cómo empacar nuestros vagones así como los pioneros lo hicieron para su viaje hacia el oeste".

Al entrar al museo para aprender cómo empacar nuestros vagones, leamos el mapa de Dios y descubramos qué hace Abram y adónde va después que los hombres de faraón lo despidieron de la tierra de Egipto.

⑳ Ve a la página 161. Lee Génesis 13 y marca las siguientes palabras clave:

Abram (coloréalo de azul)

Lot (coloréalo de naranja)

<u>Tierra</u> (subráyala con doble línea verde y coloréala de azul)

Guía de Instrucciones

Pide a Dios que te dirija a través del estudio de esta lección. Él tiene un mensaje especial solo para ti.

⑲ Ve a la página 26 y lee "Conflicto y Decisiones".

Ve a la página 161 y copia las sugerencias de palabras clave encima del título del capítulo 13.

⑳ Pide a los estudiantes que copien las nuevas palabras clave en sus separadores o tarjetas o escríbelas en la pizarra de tu aula. Ve a la página 161 y lee Génesis 13 en voz alta usando tu ayuda visual mientras los estudiantes (o tu estudiante si es uno a uno) sigue la lectura. Pide a los estudiantes que mencionen cada palabra clave en la lectura, luego marquen juntos, tú en tu ayuda visual y ellos en sus libros.

Abram (coloréalo de azul)

Lot (coloréalo de naranja)

Tierra (subráyala con doble línea verde y coloréala de azul)

Altar (dibuja un cuadro rojo alrededor)

Guía de Instrucciones

(Página 27)

Altar (dibuja un cuadro rojo alrededor)

No olvides marcar cualquier cosa que te indique un DÓNDE (lugar) subrayándolo con doble línea de color verde. Y no olvides marcar cualquier referencia que indique CUÁNDO dibujando un reloj verde como este: 🕒

(Página 161)

Capítulo 13

1 Abram subió desde Egipto al Neguev, él y su mujer con todo lo que poseía; y con él iba Lot.
2 Abram era muy rico en ganado, en plata y en oro.
3 Y anduvo en sus jornadas desde el Neguev hasta Betel, al lugar donde su tienda había estado al principio, entre Betel y Hai,
4 al lugar del altar que antes había hecho allí. Allí Abram invocó el nombre del SEÑOR.
5 También Lot, que andaba con Abram, tenía ovejas, vacas y tiendas.
6 Pero la tierra no podía sostenerlos para que habitaran juntos, porque sus posesiones eran tantas que *ya* no podían habitar juntos.
7 Hubo, pues, problema entre los pastores del ganado de Abram y los pastores del ganado de Lot. Los cananeos y los ferezeos habitaban entonces en aquella tierra.
8 Así que Abram dijo a Lot: "Te ruego que no haya problema entre nosotros, ni entre mis pastores y tus pastores, porque somos hermanos.

162   REGISTRO DE OBSERVACIONES

9 ¿No está toda la tierra delante de ti? Te ruego que te separes de mí. Si *vas* a la izquierda, yo iré a la derecha; y si *a* la derecha, yo iré a la izquierda".
10 Y alzó Lot los ojos y vio todo el valle del Jordán, el cual estaba bien regado por todas partes (*esto fue* antes de que el SEÑOR destruyera a Sodoma y Gomorra) como el huerto del SEÑOR, como la tierra de Egipto rumbo a Zoar.
11 Lot escogió para sí todo el valle del Jordán, y viajó Lot hacia el oriente. Así se separaron el uno del otro.

(Página 162)

12 Abram se estableció en la tierra de Canaán, en tanto que Lot se estableció en las ciudades del valle, y fue poniendo sus tiendas hasta Sodoma.
13 Pero los hombres de Sodoma eran malos y pecadores en gran manera contra el Señor.
14 Y el Señor dijo a Abram después que Lot se había separado de él: "Alza ahora los ojos y mira desde el lugar donde estás hacia el norte, el sur, el oriente y el occidente,
15 pues toda la tierra que ves te la daré a ti y a tu descendencia para siempre.
16 Haré tu descendencia como el polvo de la tierra; de manera que si alguien puede contar el polvo de la tierra, también tu descendencia podrá contarse.
17 Levántate, recorre la tierra a lo largo y a lo ancho de ella, porque a ti te la daré".
18 Entonces Abram levantó su tienda, y fue y habitó en el encinar de Mamre, que está en Hebrón, y allí edificó un altar al Señor.

Guía de Instrucciones

Regresa a la página 27 y responde las preguntas usando los siguientes versos.

Génesis 13:1 ¿ADÓNDE fue Abram al salir de Egipto? <u>Al Neguev</u>

21 **Génesis 13:3 ¿ADÓNDE viajó Abram desde el Neguev?** <u>Hasta Betel</u> **(ubica Betel en el mapa de la página 19).**

(Página 27)

Ahora vuelve al mapa en la página 19 y sigue el viaje de Abram haciendo las seis preguntas básicas.

Génesis 13:1 ¿ADÓNDE fue Abram al salir de Egipto?

Al Neguev

El Neguev es el desierto, una tierra reseca. Es el distrito sur de Judá.

Génesis 13:3 ¿ADÓNDE viajó Abram desde el Neguev?

Hasta Betel

(Página 22)

Guía de Instrucciones

Génesis 13:3, 4 ¿QUÉ hizo Abram cuando él regresó al lugar donde estaba su tienda antes? <u>Él fue al altar que había edificado e invocó al Señor.</u>

Génesis 13:5-7 ¿QUÉ estaba sucediendo en estos versos? <u>Problemas entre los pastores de Abram y los pastores de Lot porque sus posesiones eran tan grandes que la tierra no podía sostenerlos.</u>

Génesis 13:8-9 ¿QUÉ le dice Abram a Lot que haga? <u>Te ruego que te separes de mí.</u>

Génesis 13:10-11 ¿QUÉ tierra escogió Lot? <u>El Valle del Jordán</u>

Génesis 13:13 ¿QUÉ vemos sobre los hombres de Sodoma donde Lot se estableció? <u>Eran malos y pecadores en gran manera contra el Señor.</u>

La Valiente Aventura de Abram 29

Génesis 13:12 ¿DÓNDE se asentó Abram?

En la tierra de Canaán

Génesis 13:14-15 ¿QUÉ le dijo el Señor a Abram después que Lot y él se separaron?

Mira el norte, sur, este y oeste. Te daré toda esta tierra a ti y a tu descendencia para siempre.

Génesis 13:16 ¿QUÉ le dijo Dios a Abram sobre sus descendientes?

Serán como el polvo de la tierra.

Génesis 13:17 ¿QUÉ le dijo Dios a Abram que hiciera?

Recorre la tierra.

Génesis 13:18 ¿ADÓNDE movió Abram su tienda?

A la encina de Mamre en Hebrón.

Génesis 13:18 ¿QUÉ hizo Abram?

Él edificó un altar al Señor.

¿Notaste el conflicto entre Lot y Abram? El carácter de Abram es revelado cuando vemos que permite que Lot escoja primero la tierra que quería. Abram era rico, pero él no era codicioso. ¿Notaste que Lot escogió lo que él pensó que sería la mejor tierra? ¿Lo era?

Guía de Instrucciones

Génesis 13:12 ¿DÓNDE se asentó Abram? En la tierra de Canaán

Génesis 13:14-15 ¿QUÉ le dijo el Señor a Abram después que Lot y él se separaron? Mira el norte, sur, este y oeste. Te daré toda esta tierra a ti y a tu descendencia para siempre.

Génesis 13:16 ¿QUÉ le dijo Dios a Abram sobre sus descendientes? Serán como el polvo de la tierra.

Génesis 13:17 ¿QUÉ le dijo Dios a Abram que hiciera? Recorre la tierra.

Génesis 13:18 ¿ADÓNDE movió Abram su tienda? A la encina de Mamre en Hebrón.

Génesis 13:18 ¿QUÉ hizo Abram? Él edificó un altar al Señor.

Lee el resto del texto en esta lección. Discute antes de responder las preguntas en la página 30 cada uno por su cuenta.

Guía de Instrucciones

> **PRIMERA SEMANA**
>
> ¿Alguna vez has tenido que compartir el último pedazo de pastel con tu hermano o hermana? Cuando cortaste el pastel, ¿escogiste el mejor pedazo para ti mismo o permitiste que tu hermano o hermana escogiera primero?
>
> _____
>
> Recuerda, Dios observa lo que hacemos y recompensa nuestra generosidad.
>
> ¿Qué le mostró Dios a Abram después que él finalmente se separó de Lot? Por primera vez Dios le muestra a Abram la tierra que Él le había prometido. ¡Vaya! Luego Dios le dice que esta tierra le pertenecerá a sus descendientes para siempre.
>
> Él también le dice que tendrá tantos descendientes que no podrán ser contados. ¿No es eso asombroso, ya que Abram tenía 75 años y ni siquiera tenía un solo hijo? Sin embargo, ¡Dios le prometió que un día él tendría tantos hijos que él no podría contarlos a todos!
>
> Hoy también hemos visto dos decisiones muy diferentes: Lot escogió lo que él pensó que era la mejor tierra, pero Abram esperó en Dios para que le mostrara la tierra que Él había prometido. ¿Cómo afectan estas dos decisiones a las vidas de estos dos hombres? Lo descubriremos al continuar nuestro viaje.
>
> ¿QUÉ hay de ti? ¿Tomas decisiones sin la ayuda de Dios o esperas en Dios para que Él te muestre qué es lo mejor?
>
> Escribe lo que haces.
>
> _____
>
> Ahora que nuestros vagones están empacados, vamos a la corte en Independencia, Missouri y partamos hacia la Ruta de Oregón mientras practicamos nuestro verso de memoria en voz alta. ¡Hacia el oeste! ¡En marcha!

La Valiente Aventura de Abram 31

EL EXPLORADOR DE DIOS CONOCE A LOS REYES

㉒ "¡Muy bien!" gritó Max mientras toda su familia se amontonaba en la camioneta y dejaba la ciudad de Independencia. "¡Al oeste! ¡Finalmente estamos en la Ruta de Oregón! Oye, Silvia, ¿sabías que cuando los pioneros cruzaron la frontera de Missouri también estaban dejando los Estados Unidos?"

"Oye", respondió Silvia, "eso suena bastante a cuando Abram dejó su país para seguir el llamado de Dios".

"Seguro que sí", dijo Max. "Cuando el jefe de la caravana daba la orden: '¡Vagones, en marcha!', los vagones rechinaban al pasar por las planicies, dejando los Estados Unidos en un viaje de cinco a seis meses que cambiaría sus vidas para siempre".

"Sí que me alegra saber que no nos tomará cinco a seis meses para llegar a Oregón", intervino la mamá de Max.

Todos se rieron. La mamá de Max dijo: "Ahora, ¿por qué no sacamos el mapa de Dios mientras estamos en camino? Regresemos a Génesis para seguir a nuestro valiente explorador y observar cómo su viaje de seguir a Dios cambia su vida".

Guía de Instrucciones

Pide a Dios que te dé un claro entendimiento de Su Palabra.

㉒ Ve a la página 31 y lee "El Explorador de Dios conoce a los Reyes".

㉓ Pide a tus estudiantes que agreguen las nuevas palabras clave a sus separadores o tarjetas o puedes escribirlas en la pizarra de tu clase. Ve a la página 162 y lee Génesis 14 en voz alta usando tu ayuda visual mientras tus estudiantes siguen la lectura. Pídeles que mencionen cada palabra clave en voz alta mientras lees, luego marquen juntos, tú en tu ayuda visual y ellos en sus libros.

Dios (dibuja un triángulo morado y coloréalo de amarillo)

Bendecir (bendito, bendijo) (coloca una nube azul alrededor y coloréala de rosado)

Abram (coloréalo de azul)

Lot (coloréalo de naranja)

Melquisedec (dibuja un cuadro morado a su alrededor)

DÓNDE (subraya con doble línea de color verde las palabras que denoten lugares)

CUÁNDO (dibuja un reloj verde sobre las palabras que denoten tiempo)

Guía de Instrucciones

(23)

---

32   PRIMERA SEMANA

¿Estás listo para comenzar el viaje? ¿Has orado? ¡Grandioso! Entonces saca el mapa de Dios y ve a la página 162. Lee Génesis 14 y marca las siguientes palabras clave:

Dios

Bendecir (bendito, bendijo) (coloca una nube azul alrededor y coloréala de rosado)

Abram (coloréalo de azul)

Lot (coloréalo de naranja)

Melquisedec (dibuja un cuadro morado a su alrededor)

No olvides marcar cualquier referencia que te indique <u>DÓNDE</u> ocurre algo, subrayando el lugar con doble línea verde. Y no olvides marcar cualquier cosa que te indique CUÁNDO ocurrió algo dibujando un reloj verde como este:

(Página 162)

Capítulo 14

1   Aconteció en los días de Amrafel, rey de Sinar, de Arioc, rey de Elasar, de Quedorlaomer, rey de Elam, y de Tidal, rey de Goyim (de naciones),

---

REGISTRO DE OBSERVACIONES   163

2   que estos hicieron guerra a Bera, rey de Sodoma, y a Birsa, rey de Gomorra, a Sinab, rey de Adma, a Semeber, rey de Zeboim, y al rey de Bela, es decir, Zoar.

3   Estos últimos se reunieron como aliados en el valle de Sidim, es decir, el Mar Salado.

4   Doce años habían servido a Quedorlaomer, pero en el año trece se rebelaron.

5   En el año catorce, Quedorlaomer y los reyes que estaban con él, vinieron y derrotaron a los refaítas en Astarot Karnaim, a los zuzitas en Ham, a los emitas en Save Quiriataim,

6   y a los horeos en el monte de Seir hasta El Parán, que está junto al desierto.

(Página 163)

7 Entonces volvieron a En Mispat, es decir, Cades, y conquistaron todo el territorio de los amalecitas, y también a los amorreos que habitaban en Hazezon Tamar.
8 Entonces el rey de Sodoma, con el rey de Gomorra, el rey de Adma, el rey de Zeboim y el rey de Bela, es decir, Zoar, salieron y les presentaron batalla en el valle de Sidim:
9 *es decir*, a Quedorlaomer, rey de Elam, a Tidal, rey de Goyim, a Amrafel, rey de Sinar, y a Arioc, rey de Elasar; cuatro reyes contra cinco.
10 El valle de Sidim estaba lleno de pozos de asfalto, y el rey de Sodoma y el de Gomorra al huir cayeron allí. Y los demás huyeron a los montes.
11 Entonces tomaron todos los bienes de Sodoma y Gomorra con todas sus provisiones, y se fueron.
12 Se llevaron *también* a Lot, sobrino de Abram, con todas sus posesiones, pues él habitaba en Sodoma, y se fueron.
13 Uno de los que escaparon vino y se lo hizo saber a Abram el hebreo, que habitaba en el encinar de Mamre el amorreo,

REGISTRO DE OBSERVACIONES

hermano de Escol y hermano de Aner, y estos eran aliados de Abram.
14 Al oír Abram que su sobrino había sido llevado cautivo, movilizó a sus hombres adiestrados nacidos en su casa, 318 en total, y salió en *su* persecución hasta Dan.
15 Por la noche, él, con sus siervos, organizó sus fuerzas contra ellos, y los derrotó y los persiguió hasta Hoba, que está al norte de Damasco.
16 Y recobró todos sus bienes, también a su sobrino Lot con sus posesiones, y también a las mujeres y a la demás gente.
17 A su regreso después de derrotar a Quedorlaomer y a los reyes que estaban con él, salió a su encuentro el rey de Sodoma en el valle de Save, es decir, el valle del Rey.
18 Y Melquisedec, rey de Salem, sacó pan y vino; él era sacerdote del Dios Altísimo.
19 Él lo bendijo, diciendo:
"Bendito sea Abram del Dios Altísimo,
Creador (Dueño) del cielo y de la tierra;
20 Y bendito sea el Dios Altísimo
Que entregó a tus enemigos en tu mano".
Y *Abram* le dio el diezmo de todo.
21 El rey de Sodoma dijo a Abram: "Dame las personas y toma para ti los bienes".
22 Y Abram dijo al rey de Sodoma: "He jurado al SEÑOR, Dios Altísimo, creador (dueño) del cielo y de la tierra,
23 que no tomaré ni un hilo ni una correa de zapato, ni ninguna cosa suya, para que no diga: 'Yo enriquecí a Abram'.
24 Nada tomaré, excepto lo que los jóvenes han comido y la parte de los hombres que fueron conmigo: Aner, Escol y Mamre. Ellos tomarán su parte".

Guía de Instrucciones

Guía de Instrucciones

(24) Ve a la página 32 y responde las preguntas.

Génesis 14:1-10 ¿QUÉ estaba sucediendo con estos reyes? ¿QUÉ estaban haciendo? Ellos estaban en g u e r r a unos con otros.

Génesis 14:11 ¿QUÉ se llevan de Sodoma y Gomorra? Todos sus bienes y provisiones.

Génesis 14:12 ¿QUÉ le ocurre a Lot? Los reyes se llevaron a Lot y sus posesiones.

Génesis 14:13-16 ¿QUÉ hace Abram cuando se entera? Él toma 318 hombres para encontrar a Lot. Él lo trae de vuelta con sus posesiones y las mujeres y demás gente.

Génesis 14:17 ¿QUÉ ocurre cuando Abram regresa? El rey de Sodoma le sale al encuentro en el valle de Save.

La Valiente Aventura de Abraham

(Página 33)

Génesis 14:18 ¿QUIÉN le sale al encuentro?

Melquisedec, rey de Salem

Génesis 14:18 ¿QUIÉN es Melquisedec? Eso es un nombre interesante ¿verdad? Se pronuncia así: Mel-qui-se-déc.

El rey de Salem, sacerdote del Dios Altísimo

Génesis 14:19 ¿QUÉ hace Melquisedec?

Bendice a Abram

Génesis 14:19 ¿CÓMO describe Melquisedec a Dios?

El Dios Altísimo, Creador del cielo y la tierra.

---

34   PRIMERA SEMANA

¡Increíble! ¿No te parece? El nombre de Dios es *El Elyon*, el Dios Altísimo. Este nombre significa que Dios es soberano. Él es el que está en control. Él es el dueño del cielo y la tierra. ¡Dios es el Gobernante de todo!

Mira Génesis 14:20. ¿QUÉ más ha hecho el Dios Altísimo?

Él entregó a los enemigos en la mano de Abram

¿QUÉ le dio Abram a Melquisedec?

El diezmo de todo.

Génesis 14:21 ¿QUÉ quería darle el rey de Sodoma a Abram?

Bienes a cambio de la gente.

Guía de Instrucciones

Génesis 14:18 ¿QUIÉN le sale al encuentro? Melquisedec, rey de Salem

Génesis 14:18 ¿QUIÉN es Melquisedec? El rey de Salem, sacerdote del Dios Altísimo

Génesis 14:19 ¿QUÉ hace Melquisedec? Bendice a Abram

Génesis 14:19 ¿CÓMO describe Melquisedec a Dios? El Dios Altísimo, Creador del cielo y la tierra.

Génesis 14:20 ¿QUÉ más ha hecho el Dios Altísimo? Él entregó a los enemigos en la mano de Abram

¿QUÉ le dio Abram a Melquisedec? El diezmo de todo.

Génesis 14:21 ¿QUÉ quería darle el rey de Sodoma a Abram? Bienes a cambio de la gente.

Guía de Instrucciones

Génesis 14:22-24 ¿Abram los tomó? ¿POR QUÉ sí o no? <u>Él no tomó los bienes para que el rey no pudiera decir que enriqueció a Abram.</u>

Lee las páginas 35-36. Discute y responde las preguntas por tu cuenta.

Practica el verso para memorizar en voz alta tres veces (Guía del Maestro, página 20).

Has perseverado fielmente en este estudio. ¡Dios observa y se complace!

(Página 34)

Génesis 14:22-24 ¿Abram los tomó? ¿POR QUÉ sí o no?

Él no tomó los bienes para que el rey no pudiera decir que enriqueció a Abram.

¡Tan solo mira todo lo que hemos descubierto sobre nuestro explorador! Cuando Abram oye que su sobrino Lot ha sido tomado cautivo, él parte para rescatarlo. ¡Abram sale victorioso en su batalla contra los reyes!

¿Sabías que Dios usa los conflictos (situaciones difíciles) para desarrollar nuestro carácter y probar nuestra fe? Abram fue victorioso en su batalla, pero ¿CÓMO manejaría su victoria?

La Valiente Aventura de Abram   35

¿Tomaría para sí la gloria de la victoria o entregaría la gloria a quien le pertenecía, Dios?

¿QUÉ significa darle la gloria a Dios? ¿Alguna vez has visto en un partido de fútbol cuando alguien mete el gol ganador? ¿Tomó el crédito el futbolista por haber ganado el partido o lo compartió con todo su equipo? ¿QUIÉN debería tener el crédito: el que hizo el gol o los otros miembros del equipo que asistieron al que pateó para hacer el gol?

Entonces ¿QUIÉN debería recibir el crédito por la batalla de Abram contra los reyes: Abram o Dios? ¿Quién es el Gobernante sobre todo quien ocasionó que esto sucediera?

¿QUÉ hizo Abram cuando el rey de Sodoma trató de darle los bienes? Él se rehusó a tomarlos. ¿No es eso asombroso? ¿Hubieras rechazado aquellas riquezas para poder honrar a Dios?

Abram se rehusó porque no quería que el rey pudiera decir que él enriqueció a Abram. Abram dio la gloria a Dios. Él reconoció no solamente que Dios le había dado la victoria en la batalla contra los reyes, sino que Él también le dio todo lo que él tenía. Abram conocía

36   PRIMERA SEMANA

a Dios como el Dios Altísimo, el Dueño de los cielos y la tierra. Solo mira cuánto ha crecido nuestro valiente explorador en su relación con Dios.

- ¿Reconoces que Dios es el Dador de todo lo que tienes?
  ___ Sí ___ No

- ¿Reconoces que Dios es El que está en control de todas tus circunstancias, incluso cuando se presentan dificultades y conflictos? ___ Sí ___ No

- ¿Le das a Dios toda la gloria por las cosas que tienes y por todos tus logros? ¿O tomas el crédito para ti mismo y dices: "Miren lo que puedo hacer"? Escribe lo que haces.

_____

Por qué no te tomas unos minutos y simplemente alabas a Dios por QUIEN Él es y por todo lo que has aprendido sobre Él. Escribe una oración breve de alabanza en las siguientes líneas para que puedas crecer en tu viaje de fe al aprender cómo caminar con Dios.

Ahora recita tu verso en voz alta a tus padres o a un adulto. ¡Fantástico! ¡Te estás convirtiendo en un gran explorador!

Guía de Instrucciones

Si eres maestro en un aula puedes tomarles una lección del verso para memorizar a tus estudiantes. Además hay un examen de la Primera Semana en la página 193 para evaluar la memorización y comprensión.

Si eres un maestro de escuela dominical, esta es una gran oportunidad para repasar toda la semana jugando Saca un Chocolate en la página 204.

Verso para Memorizar

"Por la fe Abraham, al ser llamado, obedeció, saliendo para un lugar que había de recibir como herencia; y salió sin saber adónde iba".

Hebreos 11:8

Guía de Instrucciones

SEGUNDA SEMANA

25 Ve a la página 37 y lee sobre los viajes de Max y Silvia hacia el parque del Fuerte Kearney. Ellos están muy emocionados por vivir la aventura de un viaje en un verdadero vagón, la cual está a unos pocos días.

Inclina tu cabeza y habla con tu Dios. Pídele que esté junto a ti mientras te aventuras en Su Palabra. ¡Considera esto como una aventura con Dios! ¿Sabes qué? Realmente lo es.

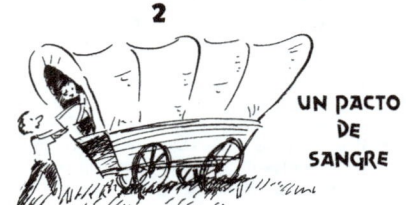

25

GÉNESIS 15

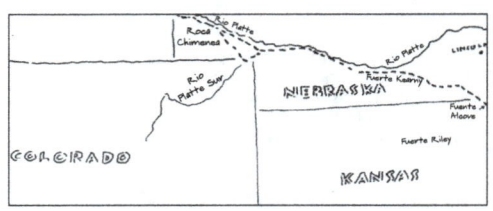

"¡Vaya, solo miren todos esos campos!" exclamó Silvia mientras la camioneta se dirigía por la carretera. "Jamás había visto tanto campo en toda mi vida".

"Yo tampoco", respondió Max. "No hay duda de por qué los pioneros hablaban de salir hacia una tierra salvaje. No hay mucho por aquí incluso hoy. ¿Cuánto falta para que lleguemos a Nebraska, papá?"

"Estamos cerca, Max. Estamos por cruzar la frontera. Luego iremos al noroeste siguiendo el Río Little Blue para encontrarnos con el río Platte".

"Aquí vamos, Max. Ahí está la frontera estatal. ¡Estamos en Nebraska!" vitoreó Silvia.

"Genial. Estoy listo para acampar", dijo Max.

El papá de Max respondió: "Espera un momento, amiguito. Todavía tenemos que manejar un rato antes de llegar al parque del

Guía de Instrucciones

26 Lee "Acampando con Dios" en la página 38.

27 Pide a tus estudiantes que agreguen cualquier palabra clave nueva a sus separadores o tarjetas o escríbelas en la pizarra de tu clase. Ve a la página 165 y lee Génesis 15 en voz alta, usando tu ayuda visual, mientras tus estudiantes (o estudiante) siguen la lectura. Pídeles que mencionen en voz alta cada referencia de las palabras clave a medida que leen, luego márquenlas juntos, tú en tu ayuda visual y ellos en sus libros.

Abram (coloréalo de azul)

Pacto (dibuja un cuadro amarillo y coloréalo de rojo)

Tierra (subráyala con doble línea verde y coloréala de azul)

DÓNDE (subraya con doble línea de color verde las palabras que denoten lugares)

CUÁNDO (dibuja un reloj verde sobre las palabras que denoten tiempo)

---

38 SEGUNDA SEMANA

Fuerte Kearny. ¿Sabías que los pioneros solo recorrían alrededor de 24 kilómetros por día? Para cuando lleguemos a Kearney desde Independencia, habremos recorrido alrededor de 634 kilómetros".

"¡Vaya! ¿Recorreremos solo 24 kilómetros por día cuando estemos en los vagones, tío Lucas?" preguntó Silvia.

"Sí", respondió el papá de Max, "pero eso está todavía a unos días. Hoy acamparemos cerca del Fuerte Kearney y pasaremos un par de días pescando, nadando, paseando en bote y revisando todos los lugares históricos".

"¡No puedo esperar!" dijeron Silvia y Max, mientras Chispa acordaba con ladridos.

ACAMPANDO CON DIOS

Al dirigirnos hacia el Fuerte Kearney y mientras Chispa disfruta su aventura de sacar su cabeza por la ventana de la camioneta, necesitamos regresar a nuestra aventura con el valiente explorador de Dios. Averigüemos qué está sucediendo con Abram desde su victoriosa batalla contra los reyes.

Saca el mapa de Dios con Max y Silvia y ve a la página 165. ¡Pero no te olvides de consultar con tu Jefe de Caravana antes de empezar! Ahora lee Génesis 15 y marca las siguientes palabras clave:

Abram (coloréalo de azul)

Un Pacto de Sangre 39

Pacto (dibuja un cuadro amarillo y coloréalo de rojo)

Tierra (subráyala con doble línea verde y coloréala de azul)

No olvides marcar cualquier cosa que te indique DÓNDE ocurre algo subrayando el lugar con doble línea de color verde. Y no olvides marcar cualquier cosa que te indique CUÁNDO ocurrió algo dibujando un reloj verde como este:

Guía de Instrucciones

REGISTRO DE OBSERVACIONES

Capítulo 15

1 Después de estas cosas la palabra del Señor vino a Abram en visión, diciendo:

 "No temas, Abram,
 Yo soy un escudo para ti;
 Tu recompensa será muy grande".

2 Y Abram dijo: "Oh Señor Dios, ¿qué me darás, puesto que yo estoy sin hijos, y el heredero de mi casa es Eliezer de Damasco?".

3 Dijo además Abram: "No me has dado descendencia, y uno nacido en mi casa es mi heredero".

4 Pero la palabra del Señor vino a él, diciendo: "Tu heredero no será este, sino uno que saldrá de tus entrañas, él será tu heredero".

5 El Señor lo llevó fuera, y *le* dijo: "Ahora mira al cielo y cuenta las estrellas, si te es posible contarlas». Y añadió: "Así será tu descendencia".

6 Y *Abram* creyó en el Señor, y Él se lo reconoció por justicia.

7 Y le dijo: "Yo soy el Señor que te saqué de Ur de los caldeos, para darte esta tierra para que la poseas".

8 Entonces Abram le preguntó: "Oh Señor Dios, ¿cómo puedo saber que la poseeré?".

9 El Señor le respondió: "Tráeme una novilla de tres años, una cabra de tres años, un carnero de tres años, una tórtola y un pichón".

10 Abram le trajo todos estos, los partió por la mitad, y puso cada mitad enfrente de la otra; pero no partió las aves.

11 Y las aves de rapiña descendían sobre los animales sacrificados, pero Abram las ahuyentaba.

Guía de Instrucciones

---

166   REGISTRO DE OBSERVACIONES

12   A la puesta del sol un profundo sueño cayó sobre Abram. El terror de una gran oscuridad cayó sobre él.

13   Y *Dios* dijo a Abram: "Ten por cierto que tus descendientes serán extranjeros en una tierra que no es suya, donde serán esclavizados y oprimidos durante 400 años.

14   Pero Yo también juzgaré a la nación a la cual servirán, y después saldrán *de allí* con grandes riquezas.

15   Tú irás a tus padres en paz, y serás sepultado en buena vejez.

16   "En la cuarta generación ellos regresarán acá, porque hasta entonces no habrá llegado a su colmo la iniquidad de los amorreos".

17   Y sucedió que cuando el sol ya se había puesto, hubo densas tinieblas, y *apareció* un horno humeante y una antorcha de fuego que pasó por entre las mitades *de los animales*.

18   En aquel día el Señor hizo un pacto con Abram, diciendo:
"A tu descendencia he dado esta tierra,
Desde el río de Egipto hasta el río grande, el río Éufrates:

19   la tierra de los quenitas, los cenezeos, los cadmoneos,

20   los hititas, los ferezeos, los refaítas,

21   los amorreos, los cananeos, los gergeseos y los jebuseos".

Guía de Instrucciones

(28) Regresa a la página 39 y responde las preguntas.

Génesis 15:1 ¿CUÁNDO vino el Señor en una visión a Abram? Después de estas cosas

Génesis 15:1 ¿QUÉ le dice Dios a Abram? No temas.

Génesis 15:1 ¿CÓMO se revela Dios a Abram? "Yo soy un escudo para ti; tu recompensa será muy grande".

(Página 39)

¡Tu mapa se ve genial! Ahora obtengamos los hechos.

Génesis 15:1 ¿CUÁNDO vino el Señor en una visión a Abram?

Después de **estas cosas**

Esto significa que Dios viene a Abram algún tiempo después de su batalla contra los cuatro reyes y se revela a Abram.

Génesis 15:1 ¿QUÉ le dice Dios a Abram?

No temas.

Génesis 15:1 ¿CÓMO se revela Dios a Abram?

"Yo soy un **escudo** para ti; tu **recompensa** será muy **grande** ".

¿No es eso asombroso? Dios muestra a Abram que no debe temer porque Él es su protector, su escudo. ¿Recuerdas cuando Abram rechazó los bienes del rey de Sodoma para poder honrar a Dios? Ahora vemos a Dios diciéndole a Abram que su recompensa será muy grande. Dios siempre nos bendice cuando Lo ponemos primero a Él. No siempre lo vemos enseguida, tampoco Abram. Pero Él lo hará, solo espera y mira.

SEGUNDA SEMANA

Génesis 15:2-3 ¿CUÁL es la respuesta de Abram?

"Oh Señor Dios, ¿qué **me darás**, puesto que yo estoy sin **hijos**, y el **heredero** de mi casa es Eliezer de Damasco?"

Génesis 15:4 ¿QUÉ le dice Dios a Abram sobre su heredero? Un heredero es la persona que hereda (recibe) las posesiones de una persona cuando ésta muere.

"Tu heredero no será éste, sino uno que saldrá de tus entrañas, él será tu heredero".

Génesis 15:5 ¿QUÉ promete Dios a Abram cuando lo lleva afuera para ver las estrellas?

Tu descendencia será numerosa como las estrellas.

Génesis 15:6 ¿CUÁL fue la respuesta de Abram?

Él creyó en el Señor y Dios se lo reconoció por justicia.

¡Vaya! Vemos en el verso 5 que Dios promete a Abram una descendencia y Abram le cree a Dios y esto lo hizo justo. Ser justo significa ser declarado justo ante Dios.

Descubramos qué creyó Abram sobre la descendencia que lo hizo justo con Dios. Busca y lee Gálatas 3:16.

Guía de Instrucciones

Génesis 15:2-3 ¿CUÁL es la respuesta de Abram? "Oh Señor Dios, ¿qué me darás, puesto que yo estoy sin hijos y el heredero de mi casa es Eliezer de Damasco?"

Génesis 15:4 ¿QUÉ le dice Dios a Abram sobre su heredero? "Tu heredero no será éste, sino uno que saldrá de tus entrañas, él será tu heredero".

Génesis 15:5 ¿QUÉ promete Dios a Abram cuando lo lleva afuera para ver las estrellas? Tu descendencia será numerosa como las estrellas.

Génesis 15:6 ¿CUÁL fue la respuesta de Abram? Él creyó en el Señor y Dios se lo reconoció por justicia.

Guía de Instrucciones

¿A QUIÉN fueron dadas las promesas?
Abram y su descendencia

¿Se refiere esto a muchas descendencias o solo a una? Una

¿QUIÉN es esta descendencia? C r i s t o

Juan 8:56 ¿QUIÉN estaba hablando? Jesús

¿De QUÉ día se regocijó Abraham al ver?
"Mi día"

¿A QUIÉN se refiere el pronombre "mi"? Jesús

Génesis 15:7 ¿QUÉ le prometió Dios a Abram?
Esta tierra para poseerla

Un Pacto de Sangre

¿A QUIÉN fueron dadas las promesas?

__Abram__ y su __descendencia__

¿Se refiere esto a muchas descendencias o solo a una?

__Una__

¿QUIÉN es esta descendencia? C __r i s t o__

¡Asombroso! ¿Ves lo que Abram creyó en Génesis 15:6? Abram creyó que Dios le daría una descendencia y que esa simiente sería Cristo. ¿CÓMO lo sabemos? Busca y lee Juan 8:56.

¿QUIÉN estaba hablando? __Jesús__

(Si no estás seguro, regresa a Juan 8:54 para ver quién estaba hablando).

Juan 8:56 ¿De QUÉ día se regocijó Abraham al ver?

__Mi__ día

¿A QUIÉN se refiere el pronombre "mi"? ¿QUIÉN vimos que estaba hablando?

__Jesús__

¿No es esto asombroso? ¡Jesús nos dice en Juan 8:56 que Abraham se regocijó al ver Su (Jesús) día! ¡Abraham se alegró! Él entendió que Dios estaba prometiendo a Cristo cuando Dios le prometió una simiente. Génesis 15:6 nos muestra la salvación de Abram. Abram tuvo fe. Él fue hecho justo ante Dios porque él confió en la promesa de la simiente de Dios (Cristo).

Ahora vuelve a Génesis 15 en la página 165.

Génesis 15:7 ¿QUÉ le prometió Dios a Abram?

__Esta tierra para poseerla__

SEGUNDA SEMANA

Génesis 15:8 ¿CUÁL fue la pregunta de Abram para Dios?

"**¿Cómo puedo saber que la poseeré?**"

Génesis 15:9 ¿QUÉ le dijo Dios a Abram que hiciera?

"Tráeme una **novilla** de **tres** años, una **cabra** de **tres** años, un **carnero** de **tres** años, una **tórtola** y un **pichón**".

Génesis 15:10 ¿QUÉ hizo Abram? **Él los trajo a Dios y partió por la mitad a la novilla, la cabra y el carnero, y puso las mitades uno enfrente del otro, pero no partió las aves.**

Génesis 15:12 ¿QUÉ ocurrió a la puesta del sol? **Un sueño profundo cayó sobre Abraham con el terror de una gran oscuridad.**

Génesis 15:13-16 ¿QUÉ le dijo Dios a Abram que ciertamente pasaría en el futuro? ¿CUÁL fue la profecía de Dios?

Génesis 15:13 "Ten por cierto que tus **descendientes** serán **extranjeros** en una tierra que no es suya, donde serán **esclavizados** y **oprimidos** durante **400** años".

Guía de Instrucciones

Génesis 15:8 ¿CUÁL fue la pregunta de Abram para Dios? "¿Cómo puedo saber que la poseeré?"

Génesis 15:9 ¿QUÉ le dijo Dios a Abram que hiciera? "Tráeme una novilla de tres años, una cabra de tres años, un carnero de tres años, una tórtola y un pichón".

Génesis 15:10 ¿QUÉ hizo Abram? Él los trajo a Dios y partió por la mitad a la novilla, la cabra y el carnero y puso las mitades uno enfrente del otro, pero no partió las aves.

Génesis 15:12 ¿QUÉ ocurrió a la puesta del sol? Un sueño profundo cayó sobre Abraham con el terror de una gran oscuridad.

Génesis 15:13-16 ¿QUÉ le dijo Dios a Abram que pasaría seguramente en el futuro? ¿Cuál fue la profecía de Dios?

Génesis 15:13 "Ten por cierto que tus descendientes serán extranjeros en una tierra que no es suya, donde serán esclavizados y oprimidos durante 400 años".

Guía de Instrucciones

Génesis 15:14 "Pero Yo también juzgaré a la nación a la cual servirán y después saldrán de allí con grandes riquezas".

Génesis 15:15 "Tú irás a tus padres en paz y serás sepultado en buena vejez".

Génesis 15:16 "En la cuarta generación ellos regresarán acá, porque hasta entonces no habrá llegado a su colmo la iniquidad de los amorreos."

Génesis 15:17 ¿QUÉ sucedió cuando el sol se había puesto? "Apareció un horno humeante y una antorcha de fuego que pasó por entre las mitades de los animales".

¿QUIÉN es este horno humeante y esta antorcha de fuego que pasaron entre las mitades?

Génesis 15:18 ¿QUIÉN hizo pacto con Abram?
El Señor

Un Pacto de Sangre

Génesis 15:14 "Pero Yo también **juzgaré** a la **nación** a la cual servirán, y después saldrán de allí con grandes **riquezas** ".

Génesis 15:15 "Tú irás a tus **padres** en **paz**, y serás **sepultado** en buena vejez".

Génesis 15:16 "En la **cuarta** generación ellos **regresarán** acá, porque hasta entonces no habrá llegado a su colmo la iniquidad de los amorreos."

Génesis 15:17 ¿QUÉ sucedió cuando el sol se había puesto? "Apareció un **horno** **humeante** y una **antorcha** de **fuego** que **pasó** por entre las **mitades** de los animales".

¿Quién es este horno humeante y esta antorcha de fuego que pasaron entre las mitades? Sabemos que no fue Abram porque él cayó en un profundo sueño.

Mira Génesis 15:18. ¿QUIÉN hizo pacto con Abram?

El Señor

Un Pacto de Sangre

Segunda Semana

Entonces si Abram se durmió, ¿QUIÉN aparece como un horno humeante y una antorcha de fuego? __Dios__

Génesis 15:18 ¿QUÉ dos cosas le prometió Dios a Abram en este pacto?

D__escendenci__a y una t__ierr__a

Génesis 15:18 ¿CUÁLES eran los límites de esta tierra?

Desde el __río__ de __Egipto__ hasta el __río__ grande, el __río__ __Éufrates__

¡Buen trabajo! Has descubierto algo muy, muy importante, el pacto. ¿POR QUÉ es importante el pacto? Porque todo lo que Dios hace se basa en un pacto. ¿Sabes qué es un pacto? Es un poco sangriento, ¡pero es asombroso! Lo descubriremos mañana.

Ahora que hemos llegado al Fuerte Kearny y hemos establecido nuestro campamento, vamos a sentarnos afuera con Max, Silvia y Chispa para asar unos malvaviscos para comerlos con galletas y chocolate. Echa un vistazo al cielo de la noche. ¿Alguna vez habías visto tantas hermosas estrellas?

Al mirar las estrellas, descubramos tu verso para memorizar de la semana. Mira la figura de la siguiente página. Cada estrella en la figura tiene una palabra de tu verso que está en desorden. Ordena las letras dentro de cada estrella para descubrir cuál es la palabra. Luego coloca la palabra en los espacios en blanco debajo de la figura. Después que hayas descifrado tu verso, mira Génesis 15 para descubrir la cita de este verso.

Luego practica diciendo tu verso en voz alta tres veces seguidas. Pero ten cuidado, pues cuando practiques tu verso en voz alta, ¡Chispa aprovechará el momento para saltarte encima y robarte tu postre! ¡Tú sabes cómo le encanta comer!

Guía de Instrucciones

¿Quién es este horno humeante y esta antorcha de fuego que pasaron entre las mitades? Dios

Génesis 15:18 ¿QUÉ dos cosas le prometió Dios a Abram en este pacto? Descendencia y una tierra

Génesis 15:18 ¿Cuáles eran los límites de esta tierra? Desde el río de Egipto hasta el río grande, el río Éufrates.

Guía de Instrucciones

29 Ordena las letras de las palabras en la página 45 y colócalas en los espacios en blanco. Encuentra el verso en Génesis 15. Este es el verso para memorizar. Copia el verso en una tarjeta y practícalo en voz alta tres veces seguidas, luego hazlo de nuevo durante el día hasta que lo hayas memorizado.

"Y Abram creyó en el Señor y Él se lo reconoció por justicia".
— **Génesis 15:6**

Esta ha sido una lección muy atareada y has perseverado en ella. Dios ama la diligencia y se complace en ti. Dale gracias por el privilegio de estudiar Su Palabra.

46　Segunda Semana

PACTO

　　¡Buenos días! ¿Descansaste anoche? ¿Estás listo para probar un desayuno de yaniqueques como el de los pioneros? Qué bueno. Comencemos entonces. Echa un vistazo a la receta de los pioneros. Necesitarás 2 tazas (16 oz.) de leche, 6 tazas (48 oz.) de harina de maíz o maicena y 1 taza de harina (8 oz.). ¿Por qué no escaldas la leche sobre el fuego para que Max pueda batirla con la maicena y la harina? Luego Silvia puede hornearla en el fuego.[1]

　　Entonces ¿qué te pareció? Es bastante distinto a lo que estás acostumbrado, ¿verdad? ¡Qué bueno que la mamá de Max y la tía Katy también hicieron huevos y tocino!

　　Ahora que hemos comido, regresemos a nuestra aventura con Abram y descubramos qué es un pacto. ¿Sabías que el Antiguo Testamento donde se halla el libro de Génesis fue escrito en hebreo? La palabra hebrea para *pacto* es *berit*.

　　Un pacto es un acuerdo solemne y vinculante hecho al pasar por en medio de pedazos de carne. Es un tratado, una alianza, una promesa o un acuerdo. Un pacto es una promesa de por vida que jamás puede ser rota.

　　La primera vez que Dios usa la palabra *pacto* en la Biblia se encuentra en Génesis 6 con Noé. En Génesis 6 vemos que Dios hace un pacto con Noé, prometiendo mantener seguros a Noé y su familia durante el diluvio.

　　En Génesis 9 vemos a Dios estableciendo un pacto con Noé y todo ser viviente, prometiendo nunca más enviar un diluvio para destruir toda la tierra. Dios le dio una señal a Noé para acordarse de Su promesa. ¿Recuerdas la señal del pacto que Dios le dio a Noé y a todo ser viviente? Tienes razón, era el arco en las nubes, un arcoíris.

1　Kristina Gregory, *Querida América a Través de la Ancha y Solitaria Pradera* (New York: Scholastic Inc., 1997) p. 159

Guía de Instrucciones

Vas a explorar un concepto muy serio llamado PACTO. Tu Padre celestial cortó pacto (hizo acuerdos) con Noé y Abram en Génesis.

Pide a Dios que infunda en ti la importancia de un pacto y te dirija a un pleno entendimiento de su impacto en el hombre.

30 Ve a la página 46 y lee PACTO. ¿Cuál fue el pacto de Dios con Noé en Génesis 9? (Él prometió nunca más destruir la tierra con un diluvio).

58 ABRAHAM, EL VALIENTE EXPLORADOR DE DIOS - SEGUNDA SEMANA

Guía de Instrucciones

31 Haz un dibujo de la señal del primer pacto en el cuadro en la página 47.

32 Lee el texto debajo de tu dibujo en la página 47. Esto describe cómo Dios corta un pacto con Abram en Génesis 15.

¿QUIÉN pasó entre las mitades? ¿Abram o Dios? Dios

¿QUIÉN hizo el pacto? Dios

Un Pacto de Sangre 47

Dibujemos la señal del primer pacto de Dios en el siguiente cuadro.

Señal del primer pacto de Dios

Ahora en Génesis 15 vemos a Dios cortando un pacto con Abram, diciéndole que trajera una novilla de tres años, una cabra de tres años, un carnero de tres años, una tórtola y un pichón.

Abram corta los animales en mitades, pero no corta las aves. Luego él cae en un profundo sueño y Dios le dice lo que sucederá en el futuro. Después vemos a un horno humeante y una antorcha de fuego pasar por en medio de aquellos pedazos de carne. ¿Recuerdas QUIÉN se aparece en forma de un horno humeante y una antorcha de fuego? Mira QUIÉN pasa entre las mitades. ¿Fue Abram o Dios? **Dios**

Entonces ¿QUIÉN hizo el pacto? **Dios**

48   SEGUNDA SEMANA

Dios estaba cortando un pacto con Abram. Él pasa por medio de estos pedazos de carne, haciendo un acuerdo solemne y vinculante con Abram. ¿CUÁL era Su promesa para Abram?

D <u>e s c e n d e n c i</u> a y una t <u>i e r r</u> a

Este pacto es llamado el pacto Abrahámico. Dios hizo este pacto. Está basado en Su Palabra y en Su carácter. Todo lo que Abram hizo fue creer. ¿POR QUÉ no dibujas una figura a continuación de Dios cortando este pacto con Abram para ayudarte a recordarlo? Muestra a Abram dormido en la tierra mientras un horno humeante y una antorcha de fuego pasa por en medio de las mitades de carne. Dios estaba prometiendo a Abram descendencia y una tierra para siempre.

Pacto Abrahámico

Ahora que sabemos qué es un pacto, examinemos la profecía que Dios le da a Abram acerca de sus descendientes. ¿CUÁL fue la profecía de Dios en Génesis 15:12-14? Escribe lo que Dios dijo que pasaría en Génesis 15:12-14 en el lado izquierdo del cuadro en la siguiente página.

Guía de Instrucciones

¿Qué prometió Dios a Abram? **Una descendencia y una tierra.**

33 En la página 48, haz un dibujo de Dios cortando un pacto con Abram.

Guía de Instrucciones

(34) En la página 49, escribe CUÁL era la profecía de Dios en el lado izquierdo de la página.

Profecía de Dios
Génesis 15:13—"Ten por cierto que tus descendientes serán extranjeros en una tierra que no es suya".

Génesis 15:13—"[Ellos] serán esclavizados y oprimidos durante 400 años".

Génesis 15:14—"Pero Yo también juzgaré a la nación a la cual servirán y después saldrán de allí con grandes riquezas".

Busca los siguientes versos para completar la columna derecha en la página 49.

El Cumplimiento de la Profecía
Éxodo 1:7—Pero los Israelitas tuvieron muchos hijos y aumentaron mucho y se multiplicaron y llegaron a ser poderosos (numerosos) en gran manera y el país se llenó de ellos.

Éxodo 1:8—Ellos estaban en E g i p t o. ¿Era esta la tierra que Dios les prometió? No

Éxodo 1:11—Así que pusieron sobre ellos capataces para oprimirlos con duros trabajos.

Éxodo 2:23—Los Israelitas gemían a causa de la servidumbre y clamaron.

Éxodo 2:24—Dios oyó su gemido y se acordó de su pacto con Abraham, Isaac y Jacob.

Éxodo 12:40-41—El tiempo que los Israelitas vivieron en Egipto fue de 430 años.

Éxodo 12:35—Los Israelitas pidieron a los Egipcios objetos de plata, objetos de oro y ropa.

Éxodo 12:36—Y el Señor hizo que el pueblo se ganara el favor de los egipcios...Así despojaron a los egipcios.

Un Pacto de Sangre — 49

Profecía de Dios	El Cumplimiento de la Profecía
Génesis 15:13—"Ten por cierto que tus __descendientes__ serán __extranjeros__ en una tierra que no es suya".	Éxodo 1:7—Pero los israelitas tuvieron muchos __hijos__ y aumentaron mucho, y se __multiplicaron__ y llegaron a ser poderosos (numerosos) en gran manera, y el país se llenó de ellos.
	Éxodo 1:8—Ellos estaban en E __g i p t__ o. ¿Era esta la tierra que Dios les prometió? __No__
Génesis 15:13—"[Ellos] serán __esclavizados__ y __oprimidos__ durante __400__ años.	Éxodo 1:11—Así que pusieron sobre ellos capataces para __oprimirlos__ con duros trabajos.
	Éxodo 2:23—Los israelitas gemían a causa de la __servidumbre__, y __clamaron__.
	Éxodo 2:24—Dios __oyó__ su gemido y se __acordó__ de su __pacto__ con Abraham, Isaac y Jacob.
	Éxodo 12:40-41—El tiempo que los israelitas vivieron en Egipto fue de __430__ años. (*Ellos fueron esclavos solo por 400 años porque los primeros 30 años José estaba vivo y ellos no eran esclavos durante sus años.
Génesis 15:14—"Pero Yo también __juzgaré__ a la __nación__ a la cual servirán, y después saldrán de allí con grandes __riquezas__.	Éxodo 12:35—Los israelitas pidieron a los egipcios objetos de __plata__, objetos de __oro__ y __ropa__.
	Éxodo 12:36—Y el Señor hizo que el pueblo se ganara el __favor__ de los __egipcios__...Así __despojaron__ a los egipcios.

Un Pacto de Sangre

50 SEGUNDA SEMANA

Ahora ¿se cumplió esta profecía? Vamos a averiguarlo haciendo algunas referencias cruzadas.

Busca y lee Éxodo 1:1-14 y completa el lado derecho del cuadro que corresponde a estos versos.

Ahora busca y lee Éxodo 2:22-25 y completa el lado derecho del cuadro que corresponde a estos versos.

Para completar tu cuadro, busca y lee Éxodo 12:33-41 y completa los espacios en blanco que corresponden a estos versos.

Ahora que hemos revisado otros pasajes en la Biblia, ¿se cumplió la profecía que Dios le dio a Abram? ¡Claro que sí! Hemos visto cómo los descendientes de Abram fueron esclavizados y oprimidos y cómo Dios los sacó con muchas posesiones. ¡QUÉ asombroso Dios! Él es fiel a Su pacto. ¡Él siempre cumple Sus promesas!

¡Ahora toma tu caña de pescar y haz una carrera con Max y Silvia hacia el lago para atrapar tu almuerzo al sentarte en la orilla para pescar y practicar tu verso de memoria!

Guía de Instrucciones

Discute si se cumplió la profecía que Dios dio a Abram ¡y cómo Dios es fiel a los pactos y siempre cumple Sus promesas!

Guía de Instrucciones

35 Ve a la página 50 y lee "El Pacto de Dios de la Ley".

Pide a Dios que te dirija a través de este estudio de Su Palabra. Busca Éxodo 24 y lee los siguientes versos para completar el crucigrama y responder las preguntas en las páginas 52-53.

(Página 50)

35

EL PACTO DE DIOS DE LA LEY

¡Vaya! Ese pez que atrapaste ayer fue bastante grande. ¡Fue un gran almuerzo! Sube a la camioneta al dirigirnos al Fuerte Kearney. El Fuerte Kearney fue construido en 1848 para proteger a los pioneros que viajaron por la Ruta de Oregón. Fue uno de los seis principales fuertes que ellos pasarían en su camino al oeste, pero este fue el único construido específicamente para su seguridad.

"¡Hemos llegado!" gritó Max al abrir la puerta y bajar de la camioneta. "¿Podemos entrar al antiguo fuerte primero?"

Un Pacto de Sangre 51

"Claro", respondió su mamá, "pero asegúrense de quedarse en el camino. Hay mucha vida silvestre por aquí y necesitamos ser cuidadosos".

Cuando Max, Silvia y Chispa se dirigían al fuerte, de repente, Chispa salió disparado, corriendo y ladrando salvajemente. "Oh, no", exclamó la mamá de Max. "Creo que Chispa ha descubierto algo. ¡Será mejor que lo atrapes, Max!"

"Lo haré, mamá. Chispa, regresa, muchacho. ¡No persigas a ese conejo! ¡Chispaaaaaa!"

"¡Uf! Qué alivio. Esa fue toda una persecución", dijo Max con un suspiro al cargar a Chispa de regreso con el resto de la familia. "Casi matas del susto a ese pobre conejo. ¡Perro malo! Ahora te quedarás con la correa puesta mientras revisamos el fuerte y la tienda de herrería".

"Oigan", exclamó Silvia, "miren esto. Este panfleto dice que podemos probarnos algunas de las antiguas prendas de los pioneros en el Centro de Visitas. Luego podemos pararnos junto a los vagones para que nos tomen una foto. ¿Podemos hacer eso, mamá?"

"Seguro", respondió la mamá de Silvia. "Hagamos eso todos juntos después de revisar el fuerte y los antiguos edificios. Podemos tomarnos una foto familiar de nuestra gran aventura. Quizás hasta le pondremos un sombrero a Chispa. ¡Apuesto que le encantaría eso!" Todos se rieron mientras se dirigían hacia el antiguo fuerte.

Un Pacto de Sangre

(Página 51)

todos se rieron mientras se dirigían hacia el antiguo fuerte.

Ahora que Chispa tiene puesta su correa, regresemos a nuestra aventura con Abram. Ayer examinamos de cerca el pacto de Dios con Abram. Hoy necesitamos sacar el mapa de Dios para descubrir cuál fue el siguiente pacto que Dios hizo.

¿Recuerdas qué entregó Dios a Moisés en el Monte Sinaí? Si no lo recuerdas, busca Éxodo 20 para descubrirlo. Escríbelo a continuación.

Los D **i e** z M **a n d a m i e n t o** s

Ahora busca y lee Éxodo 24. Este pacto es llamado el Pacto Mosaico o la Ley. Además es llamado el Antiguo Pacto y es entregado después que Moisés y los hijos de Israel fueron rescatados de la tierra de Egipto y en ese momento se encontraban en el Monte Sinaí.

Viendo Éxodo 24, haz las seis preguntas básicas para resolver el crucigrama en la siguiente página.

52 SEGUNDA SEMANA

Guía de Instrucciones

¿QUÉ entregó Dios a Moisés en el Monte Sinaí?
Los D**i**e**z** M**andamientos**

Guía de Instrucciones

Éxodo 24:4 ¿QUÉ hizo Moisés?
1. (Horizontal) Él escribió todas las palabras del Señor.

2. (Vertical) Él edificó un altar al pie del monte con 12 columnas por las 12 tribus de Israel.

Éxodo 24:5 ¿QUÉ envió a hacer a los jóvenes?

3. (Horizontal) Ofrecer holocaustos.

4. (Vertical) Ellos sacrificaron

5. (Vertical) novillos como **6. (Vertical)** ofrendas de paz al Señor.

Éxodo 24:6 ¿QUÉ puso Moisés en las vasijas y roció sobre el altar?

7. (Vertical) La sangre

Éxodo 24:7 ¿QUÉ leyó Moisés a oídos del pueblo?

8. (Horizontal) El Libro del Pacto.

Éxodo 24:7 ¿CÓMO respondió el pueblo?

9. (Vertical) "Todo lo que el Señor ha dicho haremos y obedeceremos".

Éxodo 24:12 ¿QUÉ le dijo Dios a Moisés que Él le entregaría?

10. (Horizontal) Las tablas de piedra con la **11. (Horizontal)** ley y los **12. (Vertical)** mandamientos que he escrito para instrucción de ellos.

 Haz un dibujo de las tablas de piedra de los mandamientos en el cuadro de la página 53.

No olvides practicar tu verso para memorizar (Guía del Maestro, página 56).

(Página 52)

Éxodo 24:4 ¿QUÉ hizo Moisés?

1. (Horizontal) Él escribió todas las palabras del **Señor**.

2. (Horizontal) Él edificó un **altar** al pie del monte con 12 columnas por las 12 tribus de Israel.

Éxodo 24:5 ¿QUÉ envió a hacer a los jóvenes?

3. (Vertical) Ofrecer **holocaustos**

4. (Vertical) Ellos **sacrificaron**

5. (Vertical) **novillos** como 6. (Vertical) ofrendas de **paz** al Señor.

Un Pacto de Sangre   53

Éxodo 24:6 ¿QUÉ puso Moisés en las vasijas y roció sobre el altar?

7. (Vertical) La **sangre**

Éxodo 24:7 ¿QUÉ leyó Moisés a oídos del pueblo?

8. (Vertical) El Libro del **Pacto.**

Éxodo 24:7 ¿CÓMO respondió el pueblo?

9. (Horizontal) "Todo lo que el Señor ha dicho haremos y **obedeceremos**"

Éxodo 24:12 ¿QUÉ le dijo Dios a Moisés que Él le entregaría?

10. (Horizontal) Las **tablas** de **piedra** (escribe estas dos palabras juntas) con la 11. (Vertical) **ley** y los 12. (Horizontal) **mandamientos** que he escrito para instrucción de ellos.

¡Bien hecho! Ahora dibuja una ilustración de este pacto de la ley, el antiguo pacto, a continuación. Muestra a Moisés con las tablas de piedra en el Monte Sinaí.

Antiguo Pacto (La Ley)

54   SEGUNDA SEMANA

¡Excelente dibujo! Regresemos a nuestro campamento para hacer la cena. Mañana descubriremos más sobre los pactos de nuestro fiel Dios.

Guía de Instrucciones

Guía de Instrucciones

37 Lee "Un Nuevo Pacto" en la página 54.

(Página 54)

UN NUEVO PACTO

37

"Despierta, Max", dijo su mamá al amanecer.

"Oh, ¿tengo que levantarme, mamá?" preguntó Max al abrir sus ojos. "El sol recién está saliendo".

"Sí, debes levantarte. Tu papá y el tío Guillermo quieren tener un desayuno durante el amanecer. Luego debemos levantar el campamento e ir al Museo del Monumento del Arco para examinar el viaje de los pioneros".

"Está bien, mamá, ya voy. Chispa y yo extrañaremos seguramente el Fuerte Kearney, pero estamos listos para nuestro siguiente aventura".

¿Qué hay de ti? ¿Estás listo para regresar a la ruta y descubrir el nuevo pacto de Dios? Pasa algo de tiempo con tu Jefe de Caravana y luego partamos. Saca el mapa de Dios y ve a Éxodo 24. Empecemos leyendo Éxodo 24 y escribiendo lo que aprendimos sobre el antiguo pacto en el lado izquierdo del cuadro en la siguiente página.

Guía de Instrucciones

38 Ve a Éxodo 24 y lee los siguientes versos para completar la columna izquierda en la página 55.

**Antiguo Pacto
(la Ley)**

Éxodo 24:12—El antiguo pacto fue escrito en t a b l a s d e p i e d r a. (Dibuja una figura de las tablas en la parte de arriba de este cuadro).

Éxodo 24:12—"…las tablas de piedra con la ley y los mandamientos que he escrito para instrucción de ellos".

El antiguo pacto nos muestra nuestro p e c a d o.

Guía de Instrucciones

(39) Ve a la página 56. Pide a tus estudiantes que agreguen nuevas palabras clave a sus separadores o tarjetas o escríbelas en la pizarra de tu aula. Lee Jeremías 31:31-34 en voz alta usando tu ayuda visual mientras tus estudiantes (o estudiante) siguen la lectura. Pídeles que mencionen en voz alta cada referencia de las palabras clave a medida que leen, luego márquenlas juntos, tú en tu ayuda visual y ellos en sus libros.

Pacto (dibuja un cuadro amarillo alrededor y coloréalo de rojo)

Ley (dibuja tablas negras)

Corazón (dibuja un corazón rojo)

---

(39) Ahora lee Jeremías 31:31-34 impreso debajo y marca las siguientes palabras clave:

Pacto (dibuja un cuadro amarillo alrededor y coloréalo de rojo)

Ley (dibuja tablas negras)

Corazón (dibuja un corazón rojo)

Jeremías 31:31-34:

31 "Vienen días," declara el SEÑOR "en que haré con la casa de Israel y con la casa de Judá un nuevo pacto, 32 no como el pacto que hice con sus padres el día que los tomé de la mano para sacarlos de la tierra de Egipto, Mi pacto que ellos rompieron, aunque fui un esposo para ellos," declara el SEÑOR. 33 "Porque éste es el pacto que haré con la casa de Israel después de aquellos días," declara el SEÑOR. "Pondré Mi ley dentro de ellos, y sobre sus corazones la escribiré. Entonces Yo seré su Dios y ellos serán Mi pueblo. 34 No tendrán que enseñar más cada uno a su prójimo y cada cual a su hermano, diciéndole: 'Conoce al SEÑOR,' porque todos Me conocerán, desde el más pequeño de ellos hasta el más grande," declara el SEÑOR, "pues perdonaré su maldad, y no recordaré más su pecado."

Un Pacto de Sangre — 57

40 Antes de que Dios disciplinara a Su pueblo y los sacara de la tierra por quebrantar el antiguo pacto, Él les da una promesa de un nuevo pacto. Revisemos este pacto y veamos qué aprendemos. Vuelve al pasaje en Jeremías que acabaste de marcar en la página 56 para responder las seis preguntas básicas a continuación.

Jeremías 31:31 ¿QUÉ haría Dios?

Hacer un **nuevo** **pacto** con la casa de Israel y la casa de Judá.

Jeremías 31:32 ¿Es este el mismo pacto que el antiguo pacto, el pacto de la ley? ____ Sí **X** No

Jeremías 31:33 ¿QUÉ hará Dios con este nuevo pacto, escribirlo en tablas de piedra? ____ Sí **X** No

Ahora que hemos descubierto este nuevo pacto, comparémoslo con el antiguo pacto completando el lado derecho de nuestro cuadro en la página 55.

¿Notaste CÓMO Dios nos dio la ley, el antiguo pacto, para instrucción? La ley fue dada para mostrarnos qué es el pecado. ¿Cómo podemos saber que somos pecadores si no tenemos un estándar con el cual compararnos?

La ley era como un profesor para enseñarnos lo correcto y lo malo, para decirnos qué podíamos hacer y qué no podíamos hacer. Era nuestro estándar para mostrarnos nuestro pecado. Pero ¿QUÉ vimos sobre el nuevo pacto? ¿QUÉ haría Dios con nuestros pecados? P**erdonar** nuestros pecados.

¿No es eso asombroso? ¿Pero CÓMO? Lo descubriremos mañana al continuar examinando el nuevo pacto y el misterio del velo roto para descubrir cómo este pacto puede quitar nuestros pecados.

Ahora vuelve a subir a la camioneta. Es hora de continuar nuestro viaje al dejar atrás el Fuerte Kearney y dirigirnos a Bayard, Nebraska. ¡No olvides practicar tu verso para memorizar!

Guía de Instrucciones

40 Lee el texto en la página 57 y responde las preguntas.

Jeremías 31:31 ¿QUÉ haría Dios? Hacer un nuevo pacto con la casa de Israel y la casa de Judá.

Jeremías 31:32 ¿Es este el mismo pacto que el antiguo pacto, el pacto de la ley?
____ Sí **X** No

Jeremías 31:33 ¿QUÉ hará Dios con este nuevo pacto—escribirlo en tablas de piedra?
____ Sí **X** No

41 Regresa a la página 55 y completa los versos bajo el Nuevo Pacto en la columna derecha del cuadro.

Nuevo Pacto

Jeremías 31:33—"Pondré Mi ley dentro de ellos y sobre sus corazones la escribiré".

Jeremías 31:34—"Pues perdonaré su maldad y no recordaré más su pecado".

El nuevo pacto perdona nuestro p e c a d o.

Discute. ¿CÓMO nos dio Dios la ley? ¿QUÉ hace la ley? Nos muestra nuestro pecado.

¿QUÉ haría Dios con nuestros pecados?
P e r d o n a r nuestros pecados.

No te olvides de practicar tu verso para memorizar (Guía del Maestro, página 56).

Guía de Instrucciones

42 Ve a la página 58 y lee "El Misterio del Velo Roto".

Encuentra Mateo en tu biblia y prepárate para descubrir este misterio.

Pide a Dios que te ayude a entender Su Palabra y encontrar un mensaje especial para ti.

Mateo 26:27-28 ¿QUÉ dijo Jesús cuando dio las gracias y les dio la copa para beber? "Beban todos de ella; porque esto es Mi sangre del nuevo pacto, que es derramada por muchos para el perdón de los pecados".

---

58 SEGUNDA SEMANA

42

EL MISTERIO DEL VELO ROTO

Mientras la camioneta estaba en marcha, Silvia dijo: "Me gustó ese museo. ¡Esos audífonos eran geniales!"

"Mi parte favorita fue cuando la manada de búfalos vino corriendo hacia nosotros. Eso fue realmente increíble", declaró Max. "¡La cecina de búfalo estuvo muy buena, también!"

"Me alegra mucho no haber vivido en ese entonces", dijo Silvia. "Imagina tener que recolectar estiércol de búfalo cuando había poca leña para poder cocinar y calentarse. ¡Eso es muy asqueroso!"

"Me gustó cuando dijeron que los niños se tiraban estiércol seco de búfalo. ¡Ese es un juego muy divertido!"

"¡Qué asco!" respondió Silvia. "¿Adónde vamos ahora, mamá?"

"Nuestra siguiente gran parada será probablemente en Windlass Hill y Ash Hollow", respondió la mamá de Silvia. "Así que por qué no sacan el mapa de Dios para descubrir sobre el nuevo pacto y el misterio del velo roto?"

¿Qué hay de ti? ¿Estás listo para descubrir sobre el nuevo pacto de Dios y descifrar un misterio? Entonces conversa un momento con Dios. Saca el mapa de Dios y busca y lee Mateo 26:26-29.

Ahora descubre el misterio.

Mateo 26:27-28 ¿QUÉ dijo Jesús cuando dio las gracias y les dio la copa para beber?

"Beban todos de ella; porque esto es Mi **sangre** del **nuevo pacto**, que es derramada por muchos para el **perdón** de los **pecados**".

Un Pacto de Sangre 59

¿Recuerdas cuál pacto era para el perdón de pecados? Escríbelo: El **nuevo** pacto.

Busquemos y leamos Mateo 27:26-54.

(43) Mateo 27:26 ¿QUÉ le hicieron a Jesús?
Lo azotaron y Lo entregaron para crucificarlo.

Mateo 27:43 ¿QUIÉN afirmó ser Jesús?
El Hijo de Dios

Mateo 27:50 ¿QUÉ ocurrió?
Exhaló Su Espíritu.

Mateo 27:51 ¿QUÉ ocurrió con el velo en el templo cuando Jesús murió?
Se rasgó en dos de arriba abajo.

¡Asombroso! ¿Sabías que el velo del templo era tan grueso que hubiera requerido dos equipos de caballos tirando en direcciones opuestas para ser capaces de rasgar este velo en dos?

Vamos a descubrir más sobre el misterio de este velo. Ve a Hebreos 10 y lee los versos 9-22.

Hebreos 10:9 Jesús está hablando aquí. ¿QUÉ vino Él a hacer?
La voluntad de Dios

Guía de Instrucciones

¿Recuerdas cuál pacto era para el perdón de pecados? Escríbelo: El **nuevo** pacto.

Mateo 27:26 ¿QUÉ le hicieron a Jesús? Lo azotaron y Lo entregaron para crucificarlo.

Mateo 27:43 ¿QUIÉN afirmó ser Jesús? El Hijo de Dios

Mateo 27:50 ¿QUÉ ocurrió? Exhaló Su Espíritu.

Mateo 27:51 ¿QUÉ ocurrió con el velo en el templo cuando Jesús murió? Se rasgó en dos de arriba abajo.

(43) Encuentra Hebreos en tu biblia y responde las preguntas en las páginas 59-61, comenzando al final de la página 59.

Hebreos 10:9 Jesús está hablando aquí. ¿QUÉ vino Él a hacer? La voluntad de Dios

Guía de Instrucciones

Hebreos 10:9 ¿QUÉ fue quitado? Lo p r i m e r o. **(Inicia una discusión sobre el primer y segundo pacto).**

¿QUÉ fue establecido? El s e g u n d o

¿QUÉ crees que es? El pacto que perdona—el Nuevo Pacto.

Hebreos 10:10 ¿CÓMO hemos sido santificados? Discute

¿CÓMO somos hechos limpios, perdonados de nuestros pecados? Mediante la ofrenda del cuerpo de Jesucristo ofrecida una vez para siempre.

¿CÓMO fue ofrecido el cuerpo de Jesús como sacrificio? ¿QUÉ vimos en Mateo 27:35? ¿QUÉ hicieron ellos con Jesús? Ellos Lo c r u c i f i c a r o n.

¿CÓMO acabamos de ver en Hebreos 10:10 que somos hechos limpios y perdonados de nuestros pecados? Mediante la ofrenda del cuerpo de Jesucristo.

Hebreos 10:19 ¿CÓMO llegamos a tener confianza para entrar al lugar santísimo? Por la sangre de Jesús.

SEGUNDA SEMANA

Hebreos 10:9 ¿QUÉ fue quitado? Lo p r i m e r o

¿Sabes de qué se trata esto que era "primero"? ¿Será el antiguo pacto? Cuando éste fue quitado, ¿qué fue establecido?

El s e g u n d o

¿QUÉ crees que es esto?

El pacto que perdona—el Nuevo Pacto.

Hebreos 10:10 ¿CÓMO hemos sido santificados? Santificar significa "ser hecho limpio, ser apartado o consagrado". ¿CÓMO somos hechos limpios, perdonados de nuestros pecados?

Mediante la ofrenda del cuerpo de Jesucristo ofrecida una vez para siempre

¿CÓMO fue ofrecido el cuerpo de Jesús como sacrificio? ¿QUÉ vimos en Mateo 27:35? ¿QUÉ hicieron ellos con Jesús?

Ellos Lo c r u c i f i c a r o n.

Mira Hebreos 10:16-17. Estos son los mismos versos que leímos sobre el nuevo pacto en Jeremías 31 ayer. ¿Recuerdas cómo el nuevo pacto quitaría nuestros pecados? ¿CÓMO acabamos de ver en Hebreos 10:10 que somos hechos limpios y perdonados de nuestros pecados?

Mediante la ofrenda del cuerpo de Jesucristo.

Veamos Hebreos 10:19. ¿CÓMO llegamos a tener confianza para entrar al lugar santísimo?

Por la sangre de Jesús.

Un Pacto de Sangre 61

Hebreos 10:20 ¿CUÁL es el camino nuevo y vivo (el nuevo pacto) que Jesús inauguró para nosotros?

Por medio del **velo.**

¿Y CUÁL es el misterio del velo? ¿QUÉ representa el velo?

La **carne** de Jesús

Ahora echemos un vistazo al interior del tabernáculo, haciendo nuestro propio tabernáculo. Consigue una caja de zapatos y corta una puerta en el centro de un extremo para que tengas una abertura. Dibuja una figura del altar de bronce en la caja de zapatos al entrar por la "puerta". Luego haz un dibujo de la pila de bronce.

Necesitarás un pañuelo para colgarlo como cortina. Puedes colorear de café este pañuelo con marcadores de colores. Después de colorearlo, cuélgalo de un lado de la caja de zapatos al otro y grápalo. Al interior de la cortina necesitas dibujar una lámpara en el lado izquierdo y una mesa de panes a la derecha y en el centro necesitas dibujar el altar de incienso (mira la página 62).

Ahora consigue otro pañuelo y coloréalo de azul, rojo y púrpura para representar el velo en el tabernáculo y luego cuélgalo justo detrás del altar de incienso. Detrás del velo dibuja el propiciatorio sobre el arca del pacto y en frente de él escribe "Lugar Santísimo", así como en la ilustración.

Ahora examinemos más de cerca al tabernáculo.

Guía de Instrucciones

Hebreos 10:20 ¿CUÁL es el camino nuevo y vivo (el nuevo pacto) que Jesús inauguró para nosotros? Por medio del velo.

¿Y CUÁL es el misterio del velo? ¿QUÉ representa el velo? La carne de Jesús.

Consigue varias cajas de zapatos y divide a tus estudiantes en parejas. Guarda una caja para ti mismo para que puedas demostrar cada paso antes de la clase.

Que cada pareja de estudiantes elabore un tabernáculo mientras diriges cada paso mostrado en la página 61.

Guía de Instrucciones

44 Ve a la página 62 y lee los siguientes versos para responder las preguntas.

Mateo 27:51 ¿QUE ocurrió con el velo según Mateo? <u>El velo fue rasgado en dos de arriba abajo.</u>

¿QUÉ representaba este velo roto?
<u>La carne de Jesús.</u>

Juan 14:6 ¿QUÉ es Jesús? <u>El camino, la verdad y la vida.</u>

¿CUÁL es el único camino al Padre? <u>Jesús</u>

Un Pacto de Sangre — 63

La salvación es por la fe, mediante el nuevo pacto. No es por guardar la ley o por hacer buenas obras. La única manera que podemos ser perdonados de nuestros pecados es creer en Jesús y aceptarlo como nuestro Salvador. Ahora busca y lee Efesios 3:14-16.

Efesios 3:16 ¿CÓMO nos fortalece Dios con Su Poder?

Por Su ____**Espíritu**____ en el hombre ____**interior**____

Dios pone Su Espíritu en nosotros. ¡No es eso asombroso!

La muerte de Jesús en la cruz, el nuevo pacto, es la única manera que podemos conseguir perdón de nuestros pecados y recibir el Espíritu Santo quien nos da poder sobre el pecado.

Dibuja una ilustración del nuevo pacto en el siguiente cuadro. ¿QUÉ deberías dibujar? ¿QUÉ hizo Jesús para pagar por nuestros pecados? Muestra a Jesús derramando Su sangre al ser crucificado en una cruz para pagar por nuestros pecados.

Ahora regresa a la página 55 y dibuja la cruz en el cuadro arriba del título de "Nuevo Pacto".

Nuevo Pacto

Guía de Instrucciones

Efesios 3:16 ¿CÓMO nos fortalece Dios con Su Poder? Por Su Espíritu en el hombre interior.

45 Haz un dibujo de Jesús en la cruz en el siguiente cuadro. Luego regresa a la página 55 (Guía del Maestro, página 67) y dibuja una figura de la cruz en el cuadro encima del encabezado "Nuevo Pacto".

Guía de Instrucciones

46 Lee el texto en la página 64. Discute.

Esta semana ha sido muy ocupada. Has trabajado duro para estar al tanto con el estudio y Dios se agrada de ti.

Si eres un maestro en un aula puedes tomarles una lección del verso para memorizar a tus estudiantes. Además hay un examen de la Segunda Semana en la página 194 para evaluar la memorización y comprensión.

Querrás jugar el *Juego de Dibujar* en la página 202.

Verso para Memorizar

"Y Abram creyó en el Señor y Él se lo reconoció por justicia".

Génesis 15:6

---

64   SEGUNDA SEMANA

¿Qué hay de ti? ¿Has entrado al nuevo pacto con Dios? ¿Has recibido el regalo de Dios de la salvación? Hemos visto que la fe en Jesús es el único camino para ser salvo. Jamás podremos ser lo suficientemente buenos. No podemos ganarnos nuestra salvación. Es un regalo de Dios cuando creemos en Su Hijo, Jesucristo.

Si no has recibido el regalo de Dios de salvación, entonces todo lo que necesitas hacer es dirigirte a Dios y decirle que quieres ser salvo. Dile que eres un pecador (Romanos 3:23, "Por cuanto todos pecaron y no alcanzan la gloria de Dios"), pídele perdón por tus pecados y que quieres ser un seguidor de Jesucristo.

Puedes hacer una oración como esta:

Gracias, Dios, por amarme y enviar a Tu Hijo, Jesucristo, a morir por mis pecados. Perdóname por las cosas que he hecho mal. Me arrepiento, cambiando mi manera de pensar sobre mis pecados. El pecado está mal. Ya no quiero hacer las cosas a mi manera. Quiero recibir a Jesucristo como mi Salvador y ahora Te entrego toda mi vida. Amén.

¡Dios te ha perdonado todos tus pecados y enviará Su Espíritu para que more en ti (Juan 14:23)! Puedes andar en los caminos de Dios porque tienes Su Espíritu en ti para ayudarte a hacer lo que Dios dice que es correcto.

De modo que si alguno está en Cristo, nueva criatura (nueva creación) es; las cosas viejas pasaron, ahora han sido hechas nuevas (2 Corintios 5:17).

3

EL NUEVO NOMBRE DE ABRAM

GENÉSIS 16-18

"Muy bien, chicos, ¿están listos para detenerse?" preguntó la mamá de Max.

"Estamos listos", respondió Max. "Chispa está que se muere por salir".

"Necesitas asegurarte que Silvia, Chispa y tú permanezcan en el camino mientras estén aquí", dijo el papá de Max. "Este es un territorio de serpientes de cascabel y necesitas ser muy cuidadoso".

"De acuerdo, papá. ¿Esto es Windlass Hill?"

"Así es", respondió Katy, la tía de Max. "Y justo por allá se encuentra Ash Hollow, uno de los lugares favoritos de los pioneros, junto a la ruta donde podían encontrar sombra de árboles, leña y mucho pasto para su ganado y una de las mejores aguas para beber que hay".

"Pero antes que ellos pudieran llegar a Ash Hollow, ellos tenían que bajar por una de las más empinadas cuestas que hay: Windlass Hill. Era tan empinada y la caída tan aterradora, que algunos de los emigrantes se desviaban 27 kilómetros del camino solo para evitarla".

"¡Vaya!" exclamó Silvia. "¿Podemos escalar hasta la cima?"

"Sí, sí pueden", respondió su mamá. "Vayan, salgan hacia allá. Solo tengan cuidado y espérennos en la cima. Este es uno de los mejores lugares para ver los surcos de los vagones originales hechos por los pioneros".

"¡Increíble!" exclamó Max. "¡Vamos! ¡Ven, Chispa!"

Guía de Instrucciones

TERCERA SEMANA

Pide a Dios que esté contigo durante este estudio. Él abrirá tus ojos y tu entendimiento al leer Su Palabra.

47 Ve a la página 65 y lee "Génesis 16-18".

Guía de Instrucciones

48 Ve a la página 66 y lee "Ayudando a Dios".

---

66   Tercera Semana

AYUDANDO A DIOS

"¡Vaya, solo mira!" clamó Silvia. "Mira todas esas colinas y valles. ¿Cómo pudieron manejar los pioneros esos vagones por un terreno tan empinado y duro? ¿Esos son los surcos de los vagones, mamá?"

"Sí, tan solo mira todos esos caminos a lo largo de la llanura. Ahora mira hacia acá. Mira justo abajo de ese barranco. Estamos parados justo sobre la colina empinada que te estaba contando donde muchos pioneros rompieron sus vagones y sus huesos".

"Cielos, es realmente asombroso cómo sobrevivieron un viaje tan largo y duro", dijo Max.

"Muchos de ellos no sobrevivieron, Max", respondió Lucy, la mamá de Max. "Con el terreno rugoso, el clima, las enfermedades y las mordidas de las serpientes de cascabel, hubieron muchas tumbas en el camino. Vamos hasta abajo y revisemos la casita de barro.

"Luego, necesitamos descubrir qué está sucediendo con nuestro valiente explorador desde que Dios hizo Su promesa de pacto con él".

Así que, valiente explorador, ¿estás listo para continuar nuestro viaje? Pasa un poco de tiempo con tu Jefe de Caravana, luego ve a la página 166 y lee Génesis 16. Marca las siguientes palabras clave:

El Nuevo Nombre de Abram

El Nuevo Nombre de Abram 67

Dios (dibuja un triángulo y coloréalo de amarillo)

Abram (coloréalo de azul)

Sarai (coloréalo de rosado)

Agar (coloréala de naranja)

No olvides marcar cualquier cosa que te indique DÓNDE ocurre algo subrayando el lugar con doble línea de color verde. Y no olvides marcar cualquier cosa que te indique cuándo ocurrió algo dibujando un reloj verde como este:

(Página 166)

Capítulo 16

1 Sarai, mujer de Abram, no le había dado a luz *hijo alguno*. Pero ella tenía una sierva egipcia que se llamaba Agar.

2 Entonces Sarai dijo a Abram: "Mira, el Señor me ha impedido tener *hijos*. Llégate, te ruego, a mi sierva; quizá por medio de ella yo tenga hijos". Y Abram escuchó la voz de Sarai.

REGISTRO DE OBSERVACIONES 167

3 Después de diez años de habitar Abram en la tierra de Canaán, Sarai, mujer de Abram, tomó a su sierva Agar la egipcia, y se la dio a su marido Abram por mujer.

4 Y Abram se llegó a Agar, y ella concibió. Cuando ella vio que había concebido, miraba con desprecio a su señora.

5 Entonces Sarai dijo a Abram: "Recaiga sobre ti mi agravio. Yo entregué a mi sierva en tus brazos. Pero cuando ella vio que había concebido, me miró con desprecio. Juzgue el Señor entre tú y yo".

6 Pero Abram dijo a Sarai: "Mira, tu sierva está bajo tu poder; haz con ella lo que mejor te parezca". Y Sarai trató muy mal a Agar y ella huyó de su presencia.

7 El ángel del Señor la encontró junto a una fuente de agua en el desierto, junto a la fuente en el camino de Shur,

Guía de Instrucciones

49 Pide a tus estudiantes que agreguen las palabras clave nuevas a sus separadores o tarjetas o escríbelas en la pizarra de tu aula. Ve a la página 166 y lee Génesis 16 en voz alta usando tu ayuda visual del Registro de Observaciones mientras los estudiantes mencionan cada referencia de las palabras clave. Luego márquenlas como lo indicamos en la página 14. Después lee Génesis 12:1-3 en la página 159 para responder las preguntas en las páginas 67-68.

Dios (dibuja un triángulo morado y coloréalo de amarillo)

Abram (coloréalo de azul)

Sarai (coloréalo de rosado)

Agar (coloréala de naranja)

Dónde (subraya con doble línea de color verde las palabras que denoten lugares)

Cuándo (dibuja un reloj verde sobre las palabras que denoten tiempo)

Guía de Instrucciones

(Página 167)

8 y *le* dijo: "Agar, sierva de Sarai, ¿de dónde has venido y a dónde vas?". Ella le respondió: "Huyo de la presencia de mi señora Sarai".

9 "Vuelve a tu señora y sométete a su autoridad", le dijo el ángel del Señor.

10 El ángel del Señor añadió: "Multiplicaré de tal manera tu descendencia que no se podrá contar por su multitud".

11 El ángel del Señor le dijo además:

"Has concebido
Y darás a luz un hijo;
Y le llamarás Ismael,
Porque el Señor ha oído tu aflicción.

12 Él será hombre *indómito* como asno montés;
Su mano *será* contra todos,

---

168   Registro de Observaciones

Y la mano de todos contra él,
Y habitará separado de todos sus hermanos».

13 Agar llamó el nombre del Señor que le había hablado: "Tú eres un Dios que ve"; porque dijo: "¿Estoy todavía con vida después de ver a Dios?".

14 Por eso se llamó a aquel pozo Beer Lajai Roi (Pozo del Viviente Que Me Ve), el cual está entre Cades y Bered.

15 Agar le dio un hijo a Abram, y Abram le puso el nombre de Ismael al hijo que Agar le había dado.

16 Abram *tenía* ochenta y seis años cuando Agar dio a luz a Ismael.

El Nuevo Nombre de Abram

(Página 67)

Ahora hagamos un repaso rápido. Leamos Génesis 12:1-3 en la página 159.

Génesis 12:3 ¿QUÉ le promete Dios a Abram?

"En ti serán benditas todas las __familias__ de la __tierra__".

¿QUÉ debía suceder con Abram para que tuviera una familia propia?

__Sarai debe tener un hijo.__

Regresa a Génesis 11:30 en la página 159.

¿QUÉ vemos sobre la esposa de Abram, Sarai?

__Ella era estéril. No tenía hijos.__

Lee Génesis 15:1-4 en la página 165. ¿CUÁL es la solución de Abram para este problema de no tener un hijo y un heredero?

Génesis 15:2 ¿QUIÉN dijo Abram a Dios que podía ser su heredero?

"El heredero de mi casa es __Eliezer__ de __Damasco__".

TERCERA SEMANA

Génesis 15:4 ¿CÓMO responde Dios a la sugerencia de Abram?

__"Tu heredero no será éste".__

Génesis 15:4 ¿Quién dice Dios que será heredero de Abram?

"Uno que saldrá de tus __entrañas__".

Ahora regresa a la página 166 a Génesis 16 y lee los versos 1-3.

Génesis 16:2 ¿CUÁL es la solución de Sarai?

__Dar su sierva a Abram para que ella pudiera tener hijos.__

Guía de Instrucciones

Génesis 12:3 ¿QUÉ le promete Dios a Abram? "En ti serán benditas todas las familias de la tierra".

¿QUÉ debía suceder con Abram para que tuviera una familia propia? Sarai debe tener un hijo.

Génesis 11:30 ¿QUÉ vemos sobre la esposa de Abram, Sarai? Ella era estéril. No tenía hijos.

Génesis 15:1-4 ¿CUÁL es la solución de Abram para este problema de no tener un hijo y un heredero?

Génesis 15:2 ¿QUIÉN dijo Abram a Dios que era su heredero?

"El heredero de mi casa es Eliezer de Damasco".

Génesis 15:4 ¿CÓMO responde Dios a la sugerencia de Abram? "Tu heredero no será éste".

Génesis 15:4 ¿QUIÉN dice Dios que será heredero de Abram? "Uno que saldrá de tus entrañas".

Génesis 16:2 ¿CUÁL es la solución de Sarai? Dar su sierva a Abram para que ella pudiera tener hijos.

Discute y pide a los estudiantes que respondan por su cuenta.

Abraham, El Valiente Explorador de Dios - Tercera Semana

Guía de Instrucciones

50 Ve a la página 69 y resuelve el acertijo. Escribe la solución en las siguientes líneas junto con el verso, luego cópiala en una tarjeta.

(Página 68)

Ahora piensa por un minuto. ¿Necesita Dios la ayuda de Abram y Sarai para poder cumplir Su promesa de darles tantos descendientes que no podrían ser contados? ¡Claro que no!

- ¿Alguna vez has tratado de ayudar a Dios haciendo cosas a tu manera en lugar de esperar en Él? ____ Sí ____ No
Escribe lo que hiciste en las siguientes líneas.

_____

_____

_____

Ahora descubramos el verso para memorizar de esta semana al resolver el acertijo en la siguiente página. Este acertijo cambia las letras por imágenes. Cuando cambias las figuras por letras, obtendrás nuevas palabras.

El Nuevo Nombre de Abram   69

Así que al resolver el acertijo, escríbelo en las líneas debajo de la figura. Luego encuentra la cita que corresponde a este verso. (Pista: la primera porción de este verso se ha omitido).

50

A C D E F I J L M N Ñ O P R S T Y

el Señor se le apareció,

y le dijo: "Yo soy el

Dios Todopoderoso;

anda delante de Mí, y

sé perfecto.

El Nuevo Nombre de Abram

(Página 69)

 "El Señor se le apareció, y le dijo: 'Yo soy el Dios Todopoderoso; anda delante de Mí y sé perfecto'".

Génesis 17: **1**

¡Lo hiciste! ¡Ahora practica diciendo este verso en voz alta tres veces seguidas, tres veces este día! Mañana al continuar siguiendo a nuestro valiente explorador, ¡descubriremos lo que puede suceder cuando tratamos de ayudar a Dios y cuánto mejor es cuando simplemente esperamos en Él!

Guía de Instrucciones

 "El Señor se le apareció y le dijo: 'Yo soy el Dios Todopoderoso; anda delante de Mí y sé perfecto'".

Génesis 17:1

Practica en voz alta el verso para memorizar tres veces seguidas, tres veces al día.

Guía de Instrucciones

Estás a punto de profundizar en la Palabra de Dios. Pide a Dios que te acompañe y te dé un pleno entendimiento.

52 Ve a la página 70 y lee "El Roí—el Dios que ve".

53 Regresa a la página 166 y lee los siguientes versos para responder las preguntas en las páginas 70-73.

---

70 TERCERA SEMANA

EL ROI, EL DIOS QUE VE

52 "Ash Hollow estuvo genial", dijo Max mientras la camioneta continuaba andando por la carretera. "Me gustó ver la cueva subterránea".

La mamá de Max se rió mientras dijo: "Te encantan las cuevas, ¿no es cierto? Gracias al cielo que esta cueva fue adecuada para los visitantes, no como tu aventura en la cueva con el tío Jaime".

"¡Jamás olvidaré eso!" añadió Silvia. "Tenía tanto miedo cuando Max desapareció. ¡Menos mal que Dios sabía exactamente dónde estaba Max y guió al equipo de búsqueda hacia él!"

"Eso es verdad, cariño", respondió la mamá de Max. "Incluso en la situación difícil de Max, Dios estaba cuidándolo. ¿Por qué no sacamos el mapa de Dios y vamos a Génesis 16 para encontrar qué está sucediendo con la situación complicada de Abram?"

De acuerdo, valiente explorador, vamos a orar. Ahora regresa a Génesis 16 para encontrar qué sucede después que Sarai sale con su idea de cómo ella cree que Dios le dará un hijo. Ve a la página 166 y lee Génesis 16.

(Página 166)

Capítulo 16

53

1 Sarai, mujer de Abram, no le había dado a luz *hijo alguno*. Pero ella tenía una sierva egipcia que se llamaba Agar.

2 Entonces Sarai dijo a Abram: "Mira, el SÑOR me ha impedido tener *hijos*. Llégate, te ruego, a mi sierva; quizá por medio de ella yo tenga hijos". Y Abram escuchó la voz de Sarai.

El Nuevo Nombre de Abram 85

Guía de Instrucciones

REGISTRO DE OBSERVACIONES 167

3 Después de diez años de habitar Abram en la tierra de Canaán, Sarai, mujer de Abram, tomó a su sierva Agar la egipcia, y se la dio a su marido Abram por mujer.
4 Y Abram se llegó a Agar, y ella concibió. Cuando ella vio que había concebido, miraba con desprecio a su señora.
5 Entonces Sarai dijo a Abram: "Recaiga sobre ti mi agravio. Yo entregué a mi sierva en tus brazos. Pero cuando ella vio que había concebido, me miró con desprecio. Juzgue el Señor entre tú y yo".
6 Pero Abram dijo a Sarai: "Mira, tu sierva está bajo tu poder; haz con ella lo que mejor te parezca". Y Sarai trató muy mal a Agar y ella huyó de su presencia.
7 El ángel del Señor la encontró junto a una fuente de agua en el desierto, junto a la fuente en el camino de Shur,
8 y *le* dijo: "Agar, sierva de Sarai, ¿de dónde has venido y a dónde vas?". Ella le respondió: "Huyo de la presencia de mi señora Sarai".
9 "Vuelve a tu señora y sométete a su autoridad", le dijo el ángel del Señor.
10 El ángel del Señor añadió: "Multiplicaré de tal manera tu descendencia que no se podrá contar por su multitud".
11 El ángel del Señor le dijo además:

"Has concebido
Y darás a luz un hijo;
Y le llamarás Ismael,
Porque el Señor ha oído tu aflicción.

12 Él será hombre *indómito* como asno montés;
Su mano *será* contra todos,

168 REGISTRO DE OBSERVACIONES

Y la mano de todos contra él,
Y habitará separado de todos sus hermanos».
13 *Agar* llamó el nombre del Señor que le había hablado: "Tú eres un Dios que ve"; porque dijo: "¿Estoy todavía con vida después de ver a Dios?".
14 Por eso se llamó a aquel pozo Beer Lajai Roi (Pozo del Viviente Que Me Ve), el cual está entre Cades y Bered.
15 Agar le dio un hijo a Abram, y Abram le puso el nombre de Ismael al hijo que Agar le había dado.
16 Abram *tenía* ochenta y seis años cuando Agar dio a luz a Ismael.

Guía de Instrucciones

Génesis 16:3 ¿A QUIÉN dio Sarai a Abram para tomarla por mujer? <u>Su sierva, Agar.</u>

Génesis 16:4-5 ¿QUÉ pasó luego de que Agar concibió el hijo de Abram? <u>Ella d e s p r e c i ó a Sarai.</u>

Discute el significado de la palabra "despreciar".

Génesis 16:6 ¿CÓMO trató Sarai a Agar? <u>Muy mal</u>

Génesis 16:6 ¿QUÉ hizo Agar? <u>Ella huyó</u>.

Génesis 16:7 ¿QUIÉN encuentra a Agar? <u>El ángel del Señor.</u>

Génesis 16:9 ¿QUÉ le dijo el ángel del Señor que hiciera ella? <u>"Vuelve a tu señora y sométete a su autoridad"</u>.

Génesis 16:10 ¿QUÉ le dijo el ángel del Señor a ella que él haría? <u>Multiplicar grandemente su descendencia.</u>

Génesis 16:11, 12 ¿QUÉ le dijo el ángel del Señor a ella sobre su hijo del cual estaba embarazada? <u>Darás a luz a un hijo.</u>

TERCERA SEMANA

Le llamarás **Ismael**.

Él será hombre indómito como **asno montés**.

Su **mano** será contra **todos**,

y la **mano** de todos contra él.

Y habitará **separado** de todos sus **hermanos**.

Génesis 16:13 ¿CÓMO llama Agar el nombre del Señor?

"Tú eres un **Dios** que **ve**".

¿Sabías que el nombre hebreo para Dios en este pasaje es El Roí? Esto quiere decir "el Dios que ve". Dios vio lo que le ocurrió a Agar. Él sabía sobre la aflicción, dolor y angustia de ella. Dios la vio huir y Él envió a un ángel para dejarle saber que Él tenía cuidado de ella. Dios nos ama. Él conoce todas nuestras circunstancias. No podemos huir y ocultarnos de Él.

Génesis 16:15 ¿QUÉ sucede luego?

Agar tiene un hijo.

Génesis 16:15 ¿CUÁL es su nombre?

Ismael

¿Sabes qué significa el nombre de Ismael? Significa "Dios escucha". ¿No te parece asombroso? Dios vio huir a Agar y Él oyó. Él dio oído a su aflicción.

Nosotros también vimos que Ismael viviría al este de sus hermanos. Hoy eso correspondería a los árabes y los saudís de Arabia Saudita. ¿Tienen los israelitas algún problema con los árabes que

Guía de Instrucciones

Le llamarás Ismael.

Él será hombre indómito como asno montés.

Su mano será contra todos y la mano de todos contra él.

Y habitará separado de todos sus hermanos.

Génesis 16:13 ¿CÓMO llama Agar el nombre del Señor? "Tú eres un Dios que ve".

Inicia una discusión sobre este nombre de Dios, El Roí.

Génesis 16:15 ¿QUÉ sucede luego? Agar tiene un hijo.

Génesis 16:15 ¿CUÁL es su nombre? Ismael

Lee el texto debajo de esta pregunta.

Vuelve a la página 13 (Guía del Maestro, página 206) y agrega el primer hijo de Abram y la identidad de su madre en el árbol genealógico.

Guía de Instrucciones

Génesis 16:16 ¿CUÁNTOS años tiene Abram?
86 años

Discute. ¿CUÁNTO tiempo ha pasado desde que Dios hizo esta promesa? 11 años

Lee el resto del texto en las páginas 73-74. Discutan al respecto.

Luego practica tu verso para memorizar (Guía del Maestro, página 83).

El Nuevo Nombre de Abram   73

viven al este de ellos? Sí, lo tienen. ¡Entonces lo que el ángel de Dios le dijo a Agar continúa sucediendo hoy!

Ahora regresa a la página 13 y agrega al primer hijo de Abram y a la mamá de este hijo en el árbol genealógico.

Génesis 16:16 ¿CUÁNTOS años tiene Abram? **86 años**

Abram tenía 75 años cuando Dios le dio la promesa de convertirse en una gran nación. ¿CUÁNTO tiempo ha pasado desde que Dios hizo esta promesa?

11 años

¡Vaya! ¡Abram y Sarai han estado esperando un tiempo muy largo! ¿De QUÉ manera vimos a Sarai manejando esta larga espera? Ella se puso impaciente y decidió ayudar a Dios en cumplir Su promesa. Ella fue donde Abram y le compartió su idea de cómo Dios podría darles un hijo.

¿QUÉ hizo Abram? ¿Le recordó a Sarai quién era Dios? Mira todo lo que Abram sabía sobre Dios. Él conocía a Dios como el Dios Altísimo, un Dios soberano que está en control de todas nuestras circunstancias. Y él sabía que Dios es un Dios que guarda el pacto y siempre cumple Sus promesas. ¿Se volvió a Dios?

¡No! ¡Una vez más vemos a nuestro valiente explorador cometiendo un gran error! En lugar de escuchar a Dios, él oye a Sarai. ¿QUÉ sucede cuando oímos al hombre o a nosotros mismos en lugar de Dios? ¡No tenemos nada sino angustia y problemas!

¡Solo mira el desastre de Abram! Sarai estaba molesta, ella trató muy mal a Agar y Agar huyó. ¿Ves cómo el pecado afecta a otras personas? El error de Abram le afectó a él mismo, a Sarai y a Agar y eventualmente afectará a su hijo, así como a sus descendientes. Recuerda a los árabes y los israelíes: ¿viven en paz en la actualidad? El pecado siempre tiene consecuencias. No solo nos afecta a nosotros, ¡sino que siempre afecta a nuestras familias y a otras personas también!

Recuerda, Dios siempre sabe y hace lo mejor para nosotros. Él tenía un plan para Abram y cuando el tiempo fuera correcto, Él haría que se cumpliera a Su manera, no a la manera de Abram o Sarai.

Guía de Instrucciones

74   TERCERA SEMANA

¿Notaste además que a pesar de que Abram se equivocó y Agar huyó, Dios lo vio todo e intervino? ¿No es increíble saber que Dios es un Dios que ve todos nuestros errores, dolores y temores?

La próxima vez que peques y cometas un error, recuerda que Dios está viendo y vuélvete a Él. Pídele que te perdone por tu pecado y que te ayude a hacer las cosas a Su manera. Recuerda, ¡Dios no solo ve, sino que Él también oye! Corre a Él y entrégale todas tus preocupaciones. ¡Así se hace! Ahora que hemos llegado a nuestra siguiente parada, ¡continúa tu andar con Dios al practicar diciendo tu verso de memoria en voz alta tres veces seguidas, tres veces al día!

Guía de Instrucciones

Pide a Dios que te dirija a través de este estudio y te mantenga enfocado en Su mensaje.

54 Ve a la página 74 y lee "El Dios Todopoderoso".

55 Agrega las palabras clave nuevas a tu separador o tarjeta. Ve a la página 168 y lee Génesis 17 en voz alta mientras los estudiantes siguen la lectura y mencionan cada referencia de las palabras clave a medida que las marcan juntos.

Abram (Abraham) (coloréalo de azul)

Pacto (dibuja un cuadro amarillo y coloréalo de rojo)

Tierra (subráyala con doble línea verde y coloréala de azul)

Naciones (coloréala de verde y subráyala de café)

Circuncisión (dibuja un cuchillo rojo)

Bendecir (coloca una nube azul alrededor y coloréala de rosado)

Descendencia (estrella de David de color azul)

Dónde (subraya con doble línea de color verde las palabras que denoten lugares)

Cuándo (dibuja un reloj verde sobre las palabras que denoten tiempo)

Este es un capítulo extenso. Te resultará útil dividir este capítulo en pequeñas secciones para que los estudiantes puedan marcar las palabras clave e interiorizar el orden de los eventos.

(Página 74)

EL DIOS TODOPODEROSO

54 "¡Miren!" exclamó Silvia al mirar fuera de la ventana. "Miren esas gigantescas rocas. ¿Dónde estamos, tío Lucas?"

"Esas rocas son llamadas 'Justicia' y 'Cárcel'", respondió el tío Lucas. "A estas alturas los pioneros estaban fatigados y aburridos por el largo viaje. Así que cuando ellos cruzaron Nebraska y vieron estas extrañas formaciones de roca, estas se convirtieron en su entretenimiento".

"La mayoría de los pioneros provenían del medio oeste y nunca habían visto formaciones de rocas tan grandes y extrañas. Así que las nombraron y las usaron como puntos de referencia en sus viajes para que les ayudara a saber qué tan lejos habían llegado y cuánto les faltaba recorrer. Ellos miraban estas formaciones todos los días hasta que finalmente se acercaban lo suficiente como para detenerse y escalarlas".

"Muy bien", gritó Max. "¿Podemos escalarlas, papá?"

"Sí, sí pueden ¡Pero deben tener cuidado! Como dije anteriormente, este es un territorio de serpientes de cascabel y deben prestar atención donde pisan y donde ponen sus manos".

El Nuevo Nombre de Abram   75

"Está bien, lo haremos. Vamos, Silvia. Veamos si podemos llegar a la cima de la Roca Justicia antes que Chispa".

¡Lo hiciste! ¡Llegaste a la cima! ¡Qué vista! Ahora regresemos hacia la ruta y descubramos qué está sucediendo con Abram. Cuando lo dejamos ayer, él tenía 86 años y justo había tenido a Ismael con Agar, la sierva de Sarai.

No olvides orar y luego ve a la página 168. Lee Génesis 17 y marca las siguientes palabras clave:

55
    Abram (Abraham) (coloréalo de azul)

    Pacto (dibuja un cuadro amarillo y coloréalo de rojo)

    Tierra (subráyala con doble línea verde y coloréala de azul)

    Naciones (coloréala de verde y subráyala de café)

    Circuncisión (dibuja un cuchillo rojo)

    Bendecir (coloca una nube azul alrededor y coloréala de rosado)

    Descendencia (estrella de David de color azul)

Guía de Instrucciones

(Página 75)

No olvides marcar cualquier cosa que te indique <u>DÓNDE</u> ocurre algo, subrayando el lugar con doble línea de color verde. Y no olvides marcar cualquier cosa que te indique cuándo ocurrió algo, dibujando un reloj verde como este:

¡Así se hace! ¡Tu mapa se ve fantástico! Mañana lo usaremos al continuar nuestro viaje. ¿Practicaste recitar tu verso este día?

(Página 168)

55

Capítulo 17

1 Cuando Abram tenía noventa y nueve años, el Señor se le apareció, y le dijo:
"Yo soy el Dios Todopoderoso;
Anda delante de Mí, y sé perfecto.
2 Yo estableceré Mi pacto contigo,
Y te multiplicaré en gran manera".
3 Entonces Abram se postró sobre su rostro y Dios habló con él:
4 "En cuanto a Mí, ahora Mi pacto es contigo,
Y serás padre de multitud de naciones.
5 Y no serás llamado más Abram (Padre Enaltecido);
Sino que tu nombre será Abraham (Padre de Multitud);
Porque Yo te haré padre de multitud de naciones.
6 Te haré fecundo en gran manera, y de ti haré naciones, y de ti saldrán reyes.
7 "Estableceré Mi pacto contigo y *con* tu descendencia después de ti, por *todas* sus generaciones, por *pacto* eterno, de ser Dios tuyo y de *toda* tu descendencia después de ti.

Guía de Instrucciones

> REGISTRO DE OBSERVACIONES   169
>
> 8 Y te daré a ti, y a tu descendencia después de ti, la tierra de tus peregrinaciones, toda la tierra de Canaán como posesión perpetua. Y Yo seré su Dios".
> 9 Dijo además Dios a Abraham: "Tú, pues, guardarás Mi pacto, tú y tu descendencia después de ti, por sus generaciones.
> 10 Este es Mi pacto con ustedes y tu descendencia después de ti y que ustedes guardarán: Todo varón de entre ustedes será circuncidado.
> 11 Serán circuncidados en la carne de su prepucio, y esto será la señal de Mi pacto con ustedes.
> 12 "A la edad de ocho días será circuncidado entre ustedes todo varón por sus generaciones; *asimismo* el *siervo* nacido en tu casa, o que sea comprado con dinero a cualquier extranjero, que no sea de tu descendencia.
> 13 Ciertamente ha de ser circuncidado el *siervo* nacido en tu casa o el comprado con tu dinero. Así estará Mi pacto en la carne de ustedes como pacto perpetuo.
> 14 Pero el varón incircunciso, que no es circuncidado en la carne de su prepucio, esa persona será cortada de *entre* su pueblo. Ha quebrantado Mi pacto".
> 15 Entonces Dios dijo a Abraham: "A Sarai, tu mujer, no la llamarás Sarai, sino que Sara (Princesa) *será* su nombre.
> 16 La bendeciré, y de cierto te daré un hijo por medio de ella. La bendeciré y será *madre de* naciones. Reyes de pueblos vendrán de ella".
> 17 Entonces Abraham se postró sobre su rostro y se rió, y dijo en su corazón: "¿A un hombre de 100 años le nacerá un hijo? ¿Y Sara, que tiene 90 años, concebirá?".

Guía de Instrucciones

170 — Registro de Observaciones

18 Y Abraham dijo a Dios: "¡Ojalá que Ismael viva delante de Ti!".
19 Pero Dios respondió: "No, sino que Sara, tu mujer, te dará un hijo, y le pondrás el nombre de Isaac; y estableceré Mi pacto con él, pacto perpetuo para su descendencia después de él.
20 En cuanto a Ismael, te he oído. Yo lo bendeciré y lo haré fecundo y lo multiplicaré en gran manera. Él será el padre de doce príncipes y haré de él una gran nación.
21 Pero Mi pacto lo estableceré con Isaac, el hijo que Sara te dará por este tiempo el año que viene".
22 Cuando terminó de hablar con él, Dios ascendió dejando a Abraham.
23 Entonces Abraham tomó a su hijo Ismael y a todos *los siervos* nacidos en su casa y a todos los que habían sido comprados con su dinero, a todo varón de entre las personas de la casa de Abraham, y aquel mismo día les circuncidó la carne de su prepucio, tal como Dios le había dicho.
24 Abraham *tenía* noventa y nueve años cuando fue circuncidado,
25 y su hijo Ismael *tenía* trece años cuando fue circuncidado.
26 En el mismo día fueron circuncidados Abraham y su hijo Ismael.
27 También fueron circuncidados con él todos los varones de su casa, que habían nacido en la casa o que habían sido comprados a extranjeros.

Guía de Instrucciones

 Ve a la página 76 y lee "Una Señal del Pacto".

Ayer fue una lección extensa. Pide a Dios que te dé claridad y te permita concentrarte al leer los versos para responder las preguntas en las páginas 76-79.

UNA SEÑAL DEL PACTO

"Papá", preguntó Max, "¿no dijiste que una vez que viéramos las Rocas Justicia y Cárcel estaríamos cerca del rancho donde nos uniríamos a nuestra caravana?"

"Así es, Max. De hecho, estaremos ahí antes que te des cuenta".

"¡Sí!" gritaron Max y Silvia al mismo tiempo.

Max dijo riendo: "Iremos en un vagón cubierto real. Esto será épico".

"Oye, mamá", preguntó Silvia, "¿vas a montar los caballos y manejar los vagones?"

"¡Puedes apostarlo! Tu tía Lucy y yo seremos verdaderas mujeres pioneras. Miren adelante, chicos. Saldremos de la carretera hacia el rancho".

Mientras Max y Silvia rebotaban en sus asientos, Chispa sintió la emoción de ellos y comenzó a saltar por todas partes, viendo por las ventanas de todos, causando que todos compartieran una carcajada.

La mamá de Max dijo: "Me pregunto cómo se tomará Chispa la naturaleza. Probablemente él correrá hasta quedarse sin piernas". Chispa se dio la vuelta justo cuando ella acabó de hablar, para darle una buena lamida en su cara, mostrándole que estaba de acuerdo con su declaración.

"Bien, chicos, llegamos", dijo el papá de Max mientras la camioneta se detenía bajo la sombra de unos grandes árboles. "Es tiempo de salir y bajar el equipaje. Mientras ayudan al tío Guillermo, iré a buscar al Sr. Banyon para hacerle saber que llegamos".

¿Estás emocionado? Llegó el momento de empacar nuestros vagones y salir en una aventura en un vagón cubierto como los pioneros.

Al comenzar a cargar los vagones, no te olvides de hablar con tu Jefe de Caravana, Dios. Luego revisa el mapa de Dios yendo a la página 168. Lee Génesis 17 y continúa tu viaje.

Génesis 17:1 ¿CUÁNTOS años tiene Abram? _____ años

El Nuevo Nombre de Abram

(Página 168)

Guía de Instrucciones

Capítulo 17

1 Cuando Abram tenía noventa y nueve años, el Señor se le apareció, y le dijo:
"Yo soy el Dios Todopoderoso;
Anda delante de Mí, y sé perfecto.

2 Yo estableceré Mi pacto contigo,
Y te multiplicaré en gran manera".

3 Entonces Abram se postró sobre su rostro y Dios habló con él:

4 "En cuanto a Mí, ahora Mi pacto es contigo,
Y serás padre de multitud de naciones.

5 Y no serás llamado más Abram (Padre Enaltecido);
Sino que tu nombre será Abraham (Padre de Multitud);
Porque Yo te haré padre de multitud de naciones.

6 Te haré fecundo en gran manera, y de ti haré naciones, y de ti saldrán reyes.

7 "Estableceré Mi pacto contigo y *con* tu descendencia después de ti, por *todas* sus generaciones, por pacto eterno, de ser Dios tuyo y de *toda* tu descendencia después de ti.

Guía de Instrucciones

REGISTRO DE OBSERVACIONES

18 Y Abraham dijo a Dios: "¡Ojalá que Ismael viva delante de Ti!".
19 Pero Dios respondió: "No, sino que Sara, tu mujer, te dará un hijo, y le pondrás el nombre de Isaac; y estableceré Mi pacto con él, pacto perpetuo para su descendencia después de él.
20 En cuanto a Ismael, te he oído. Yo lo bendeciré y lo haré fecundo y lo multiplicaré en gran manera. Él será el padre de doce príncipes y haré de él una gran nación.
21 Pero Mi pacto lo estableceré con Isaac, el hijo que Sara te dará por este tiempo el año que viene".
22 Cuando terminó de hablar con él, Dios ascendió dejando a Abraham.
23 Entonces Abraham tomó a su hijo Ismael y a todos *los siervos* nacidos en su casa y a todos los que habían sido comprados con su dinero, a todo varón de entre las personas de la casa de Abraham, y aquel mismo día les circuncidó la carne de su prepucio, tal como Dios le había dicho.
24 Abraham *tenía* noventa y nueve años cuando fue circuncidado,
25 y su hijo Ismael *tenía* trece años cuando fue circuncidado.
26 En el mismo día fueron circuncidados Abraham y su hijo Ismael.
27 También fueron circuncidados con él todos los varones de su casa, que habían nacido en la casa o que habían sido comprados a extranjeros.

El Nuevo Nombre de Abram

(Página 76)

Génesis 17:1 ¿CUÁNTOS años tiene Abram? __99__ años

El Nuevo Nombre de Abram 77

Abram tenía 75 años en Génesis 12:4 cuando Dios le prometió que haría de él una gran nación y ahora vemos que tiene 99 años. ¿Cuánto ha pasado desde la promesa de Dios?

_____24_____ años

Mira Génesis 17:1 cuando Dios se aparece a Abram. ¿Quién dice ser Dios a Abram que Él es? "Yo soy el **Dios Todopoderoso**".

El nombre hebreo para Dios en este verso es *El Shaddai*, el cual se traduce como el "Dios Todopoderoso". Este nombre de Dios significa exactamente lo que dice: Dios es el Todopoderoso, el poderoso o fuerte. Algunos creen que este nombre también significa el todo suficiente. Dios es todo lo que necesitamos.

Génesis 17:1 ¿QUÉ le dijo Dios a Abram que hiciera?

"__Anda__ delante de Mí, y sé __perfecto__".

Eso se aplica a nosotros también. Si caminamos por el camino que Dios quiere que andemos, ¡seremos perfectos también! ¿Qué hay de ti? ¿Cómo andas: por el camino de Dios o por tu propio camino?

_____

Génesis 17:2 ¿QUÉ haría Dios?

"Yo estableceré Mi **pacto** contigo, y te **multiplicaré** en gran manera".

Génesis 17:4 ¿En padre de QUÉ convertirá Dios a Abram?

Multitud de __naciones__

Génesis 17:5 ¿QUÉ hace Dios en este verso?

Él le cambia el nombre de Abram por __Abraham__.

Guía de Instrucciones

Génesis 17:1 ¿CUÁNTOS años tiene Abram? 99 años

¿CUÁNTO ha pasado desde la promesa de Dios en Génesis 12? 24 años

Génesis 17:1 ¿QUIÉN le dijo Dios a Abram que Él es? "Yo soy el Dios Todopoderoso".

Inicia una discusión sobre el nombre de Dios: El Shaddai.

Génesis 17:1 ¿QUÉ le dijo Dios a Abram que hiciera? "Anda delante de Mí y sé perfecto".

Discute cómo se aplicaría esta orden.

Génesis 17:2 ¿QUÉ haría Dios? "Yo estableceré Mi pacto contigo y te multiplicaré en gran manera".

Génesis 17:4 ¿En padre de QUÉ convertirá Dios a Abram? Multitud de naciones

Génesis 17:5 ¿QUÉ hace Dios en este verso? Él le cambia el nombre a Abram por Abraham.

Guía de Instrucciones

Discute el significado del nombre de Abraham.

Génesis 17:7 ¿CUÁNTO tiempo duraría este pacto? Por pacto eterno.

Génesis 17:8 ¿QUÉ debía ser dado a Abraham y su descendencia por posesión perpetua? Toda la tierra de Canaán

Génesis 17:10-11 ¿CUÁL es la señal del pacto que Abraham y su descendencia debían guardar? ¿Qué debían hacer? "Serán circuncidados".

Génesis 17:12 ¿QUIÉN debía ser circuncidado? "Todo varón a la edad de ocho días".

Génesis 17:14 ¿QUÉ le sucedería al varón que no fuera circuncidado?

"Esa persona será cortada de entre su pueblo".

Génesis 17:14 ¿POR QUÉ? "Ha quebrantado Mi pacto".

Génesis 17:15 ¿A QUIÉN le cambió Dios el nombre? Sarai

Guía de Instrucciones

Génesis 17:15 ¿CUÁL era su nuevo nombre? Sara

Génesis 17:16 ¿CÓMO bendeciría Dios a Sara? "Te daré un hijo por medio de ella".

Génesis 17:17 ¿QUÉ hizo Abraham? Se postró sobre su rostro y se rió.

¿POR QUÉ? Génesis 17:18 ¿A QUIÉN le pidió Abraham a Dios que recordara? Ismael

Génesis 17:19 ¿QUÉ dijo Dios? No, sino que Sara, tu mujer, te dará un hijo y le pondrás el nombre de Isaac".

Génesis 17:19 ¿Por medio de QUIÉN será establecido el pacto de Dios? Isaac y su descendencia

Génesis 17:20 ¿QUÉ haría Dios por él? Yo lo bendeciré y lo haré fecundo y lo multiplicaré en gran manera. Él será el padre de doce príncipes y haré de él una gran nación.

Génesis 17:22-26 ¿CUÁNDO fue circuncidado Abraham? Aquel mismo día

Guía de Instrucciones

57 Ve a la página 80 y completa la sopa de letras usando las palabras de Génesis 17:1-26.

Discute acerca de las preguntas en el contexto debajo de la sopa de letras.

Esta lección requirió de mucha concentración. Dios ve y se complace con tu perseverancia.

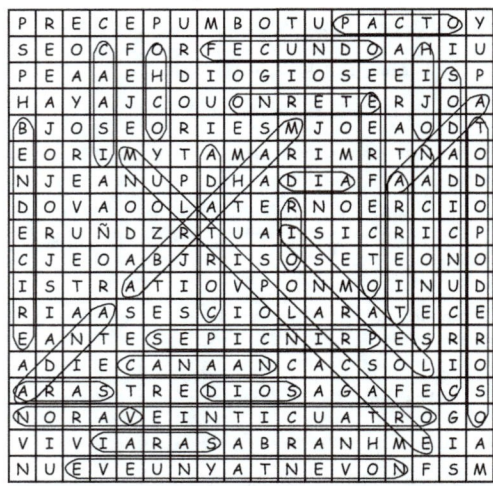

Guía de Instrucciones

> *El Nuevo Nombre de Abram* 81
>
> circuncisión era algo muy doloroso. Pero Abraham no discutió o se quejó. Simplemente obedeció a Dios.
>
> Enseguida, en aquel mismo día, Abraham se había circuncidado él mismo y a Ismael (quien tenía 13 años de edad) y a todos los hombres de su casa, así como Dios le dijo. La próxima vez que tu mamá o tu papá te pidan que hagas algo, recuerda la obediencia de Abraham. Hónralos con una obediencia inmediata, sin gruñir o quejarte. ¡Puedes hacerlo! Solo dile a Dios que quieres obedecerle y honrarlo.

Guía de Instrucciones

58 Ve a la página 81 y lee "Dios y Sus Mensajeros".

Pide a Dios que esté contigo al completar las lecciones de esta semana. Él te guiará a un pleno entendimiento.

(Página 81)

DIOS Y SUS MENSAJEROS

Mientras Max y Silvia ayudaban a desempacar sus sacos de dormir y su equipo de la camioneta, Lucas, el papá de Max, y otros dos hombres llegaron. "Muy bien, todos", dijo Lucas, "quiero presentarles al Sr. Banyon. Este es su rancho, y este es su jefe de caravana, Miguel. Miguel, Sr. Banyon, quiero presentarles a mi esposa, Lucy, nuestro hijo, Max, la hermana de Lucy, Katy, el esposo de Katy, Guillermo y su hija, Silvia".

Cuando Lucas terminó de presentarlos, Chispa comenzó a ladrar. "Oh, casi lo olvido. Este es el mejor Beagle detective que hay, Chispa, el perro de Max. ¡Él siempre nos mantiene alertas de puntillas!" Todos se rieron mientras Miguel se acercó para darle una palmada a Chispa en la cabeza.

¡HOLA SOY MIGUEL!

"Bueno, es un gusto conocerlos", dijo Miguel. "Yo seré su jefe de caravana en este viaje. El Sr. Banyon les entregará el equipo y les mostrará sus vagones mientras yo cargo el resto de nuestras provisiones. Luego almorzaremos antes de partir. ¿Están listos para el viaje?"

Todos vitorearon y Miguel y el Sr. Banyon se rieron.

---

82   TERCERA SEMANA

"Bien, vengan por aquí y les ayudaré a prepararse", dijo el Sr. Banyon, al guiar al grupo hacia un pequeño edificio.

Cuando llegaron al edificio, Max y Silvia notaron que el papá de Max le guiñó el ojo a su mamá".

"¿Qué pasa, mamá?" preguntó Max. "Los conozco a ustedes dos. Están tramando algo".

La mamá de Max solo sonrió y dijo: "Oh, tenemos una pequeña sorpresa para Silvia y para ti. Tu papá solo me estaba dejando saber que 'algo' había llegado con seguridad".

Max y Silvia se emocionaron. "¿Qué es? ¿Podemos verlo?" Justo cuando preguntaron esto, ellos alzaron la mirada y vieron a su tío Jaime y Cecilia, la tía de Max, salir del edificio, riéndose al salir.

"Tío Jaime, tía Cecilia, ¿cómo llegaron hasta aquí?"

"¡Sorpresa!" exclamó la tía Cecilia. "Jaime y yo no podíamos soportar la idea de perdernos una aventura en verdaderos vagones cubiertos, así que decidimos volar hasta acá para unirnos a su viaje por la tierra de Nebraska".

"¡Esta es una gran sorpresa!" exclamó Max. Chispa estuvo de acuerdo al correr alrededor saltando una y otra vez, sin estar seguro a quien debería darle su especial lamida primero.

El Nuevo Nombre de Abram

(Página 82)

"Ahora que todos están aquí, empecemos a empacar esos vagones", dijo el Sr. Banyon. "Estos sacos contienen sus utensilios esmaltados, platos y vasos, los cuales pueden conservar después de su viaje, algunos utensilios de cocina, un poncho para la lluvia y un sobre, papel y lápiz para que puedan escribir una carta para que el pony express entregue".

"¡Muy bien! Esto será tan increíble", exclamó Max.

El Sr. Banyon estuvo de acuerdo al responder: "Ahora vamos a empacar esos vagones".

El Nuevo Nombre de Abram — 83

Mientras nos preparamos para nuestro viaje hacia la tierra salvaje de Nebraska, continuemos nuestro viaje con Abraham.

Saca el mapa de Dios y ve a la página 170. Lee Génesis 18:1-19 y marca las siguientes palabras clave solamente para los primeros 19 versos:

Abraham (coloréalo de azul)

Naciones (coloréala de verde y subráyala de café)

Bendecir (coloca una nube azul alrededor y coloréala de rosado)

Además, cuando te encuentres con la frase clave: *"¿Hay algo demasiado difícil para el Señor?"*, márcala encerrándola con morado y coloreándola de naranja.

No olvides marcar cualquier cosa que te indique DÓNDE ocurre algo, subrayando el lugar con doble línea de color verde. Y no olvides marcar cualquier cosa que te indique CUÁNDO ocurrió algo dibujando un reloj verde como este:

(Página 170)

59 **Capítulo 18**

1 Y el Señor se le apareció a Abraham en el encinar de Mamre, mientras él estaba sentado a la puerta de la tienda en el calor del día.

Guía de Instrucciones

59 Ve a la página 170 y lee Génesis 18 en voz alta mientras los estudiantes siguen la lectura y mencionan cada palabra clave mientras las marcan juntos.

Abraham (coloréalo de azul)

Naciones (coloréala de verde y subráyala de café)

Bendecir (coloca una nube azul alrededor y coloréala de rosado)

Encierra la frase "¿Hay algo demasiado difícil para el Señor?".

DÓNDE (subraya con doble línea de color verde las palabras que denoten lugares)

CUÁNDO (dibuja un reloj verde sobre las palabras que denoten tiempo)

Guía de Instrucciones

REGISTRO DE OBSERVACIONES

2 Cuando Abraham alzó los ojos y miró, había tres hombres parados frente a él. Al ver*los* corrió de la puerta de la tienda a recibirlos, y se postró en tierra,

3 y dijo: "Señor mío, si ahora he hallado gracia ante sus ojos, le ruego que no pase de largo junto a su siervo.

4 Que se traiga ahora un poco de agua y lávense ustedes los pies, y reposen bajo el árbol.

5 Yo traeré un pedazo de pan para que se alimenten y después sigan adelante, puesto que han visitado a su siervo". "Haz así como has dicho", dijeron ellos.

6 Entonces Abraham fue de prisa a la tienda donde estaba Sara, y dijo: "Apresúrate a preparar 40 litros de flor de harina, amás*ala* y haz tortas de pan".

7 Corrió también Abraham a la vacada y tomó un becerro tierno y de los mejores, y se *lo dio* al criado, que se apresuró a prepararlo.

8 Tomó también cuajada, leche y el becerro que había preparado, y *lo* puso delante de ellos. Mientras comían, Abraham se quedó de pie junto a ellos bajo el árbol.

9 Entonces ellos le dijeron: "¿Dónde está Sara tu mujer?". "Allí en la tienda", les respondió.

10 Y *uno de ellos* dijo: "Ciertamente volveré a ti por este tiempo el año próximo, y Sara tu mujer tendrá un hijo". Y Sara estaba escuchando a la puerta de la tienda que estaba detrás de él.

11 Abraham y Sara eran ancianos, entrados en años. Y a Sara le había cesado ya la costumbre de las mujeres.

12 Sara se rió para sus adentros, diciendo: "¿Tendré placer después de haber envejecido, siendo también viejo mi señor?".

Guía de Instrucciones

172 REGISTRO DE OBSERVACIONES

13 Y el Señor dijo a Abraham: "¿Por qué se rió Sara, diciendo: '¿Concebiré en verdad siendo yo *tan* vieja?'.
14 ¿Hay algo demasiado difícil para el Señor? Volveré a ti al tiempo señalado, por este tiempo el año próximo, y Sara tendrá un hijo".
15 Pero Sara *lo* negó, porque tuvo miedo, diciendo: "No me reí". "No *es así*, sino que te has reído", le dijo el Señor.
16 Entonces los hombres se levantaron de allí, y miraron hacia Sodoma. Abraham iba con ellos para despedirlos.
17 Pero el Señor dijo: "¿Ocultaré a Abraham lo que voy a hacer?
18 Porque ciertamente Abraham llegará a ser una nación grande y poderosa, y en él serán benditas todas las naciones de la tierra.
19 Y Yo lo he escogido para que mande a sus hijos y a su casa después de él que guarden el camino del Señor, haciendo justicia y juicio, para que el Señor cumpla en Abraham todo lo que Él ha dicho acerca de él".
20 Después el Señor dijo: "El clamor de Sodoma y Gomorra ciertamente es grande, y su pecado es sumamente grave.
21 Descenderé ahora y veré si han hecho en todo conforme a su clamor, el cual ha llegado hasta Mí. Y si no, lo sabré".
22 Entonces los hombres se apartaron de allí y fueron hacia Sodoma, mientras Abraham estaba todavía de pie delante del Señor.
23 Y Abraham se acercó al Señor y dijo: "¿En verdad destruirás al justo junto con el impío?
24 Tal vez haya cincuenta justos dentro de la ciudad. ¿En verdad *la* destruirás y no perdonarás el lugar por amor a los cincuenta justos que hay en ella?

Guía de Instrucciones

60 Regresa a la página 83 y lee los siguientes versos para responder las preguntas en las páginas 83-86.

Génesis 17:1 ¿CUÁNTOS años tenía Abraham?
Abraham tenía 99 años.

¿CUÁNTO tiempo ha pasado desde que Dios prometió a Abraham que haría de él una gran nación en Génesis 12:1-4? 24 años

Génesis 18:1 ¿QUÉ está ocurriendo? El Señor se le aparece.

Génesis 18:2-5 ¿QUÉ es lo principal que está sucediendo en estos versos? Tres hombres se aparecen frente a él. Abraham los invita a quedarse para comer y descansar.

REGISTRO DE OBSERVACIONES 173

25 Lejos de Ti hacer tal cosa: matar al justo con el impío, de modo que el justo y el impío sean *tratados* de la misma manera. ¡Lejos de Ti! El Juez de toda la tierra, ¿no hará justicia?".

26 Entonces el Señor le respondió: "Si hallo en Sodoma cincuenta justos dentro de la ciudad, perdonaré a todo el lugar por consideración a ellos".

27 Y Abraham respondió: "Ahora que me he atrevido a hablar al Señor, yo que soy polvo y ceniza.

28 Tal vez falten cinco para los cincuenta justos. ¿Destruirás por los cinco a toda la ciudad?». Y el Señor respondió: "No *la* destruiré si hallo allí cuarenta y cinco".

29 *Abraham* le habló de nuevo: "Tal vez se hallen allí cuarenta". Y Él respondió: "No *lo* haré, por consideración a los cuarenta".

30 Entonces *Abraham* dijo: "No se enoje ahora el Señor, y hablaré. Tal vez se hallen allí treinta". "No *lo* haré si hallo allí treinta", respondió el Señor.

31 Y *Abraham* dijo: "Ahora me he atrevido a hablar al Señor. Tal vez se hallen allí veinte". Y Él respondió: "No *la* destruiré por consideración a los veinte".

32 Entonces Abraham dijo: "No se enoje ahora el Señor, y hablaré solo esta vez. Tal vez se hallen allí diez". "No *la* destruiré por consideración a los diez", respondió el Señor.

33 Tan pronto como acabó de hablar con Abraham, el Señor se fue, y Abraham volvió a su lugar.

(Página 83)

---

60 Viendo Génesis 17:1, ¿CUÁNTOS años tenía Abraham?

Abraham tenía __99__ años.

¿CUÁNTO tiempo ha pasado desde que Dios prometió a Abraham que haría de él una gran nación en Génesis 12:1-4?

__24__ años

Génesis 18:1 ¿QUÉ está ocurriendo?

El Señor se le aparece.

Génesis 18:2-5 ¿QUÉ es lo principal que está sucediendo en estos versos?

Tres hombres se aparecen frente a él. Abraham los invita a quedarse para comer y descansar.

El Nuevo Nombre de Abram

TERCERA SEMANA

Génesis 18:1-2 ¿QUIÉNES son estos tres hombres? ¿Lo sabes? ¿QUIÉN se aparece a Abraham en el encinar de Mamre en el verso 1? **El Señor**

Entonces vemos que uno de los tres es el Señor. Algunos creen que este era Jesús antes de convertirse en un bebé. ¿Puedes averiguar quiénes son los otros dos varones? Echa un vistazo a Génesis 18:22. Los dos hombres partieron, dirigiéndose a Sodoma, dejando al Señor hablando con Abraham. Ahora mira Génesis 19:1. ¿Quiénes son los dos que llegaron a Sodoma?

Los dos á **n g e l e** s vinieron a Sodoma.

Génesis 18:6-8 ¿QUÉ hace Abraham?

Le dice a Sara que prepare pan, luego escogió a un becerro para que fuera preparado y brindarlo a los tres hombres para comer.

Génesis 18:9-10 ¿QUÉ le dijo el Señor a Abraham que pasaría en este tiempo el siguiente año?

Sara tendría un hijo.

Génesis 18:11 ¿QUÉ podemos ver sobre Abraham y Sara?

Ellos eran ancianos, a Sara le había cesado la costumbre de las mujeres.

Así que si Abraham tenía 99 años en Génesis 17:1 y el Señor le dijo que él tendría un hijo por ese tiempo en el año siguiente, ¿CUÁNTOS años tendría Abraham cuando su hijo naciera?

100 años

¿Sabemos CUÁNTOS años tendría Sara? Mira Génesis 17:17. Podemos ver que hay una diferencia de diez años entre Abraham y Sara. Entonces ¿CUÁNTOS años tendría Sara cuando Isaac naciera?

90 años

Guía de Instrucciones

Génesis 18:1-2 ¿QUIÉNES son estos tres hombres? ¿QUIÉN se aparece a Abraham en el encinar de Mamre en el verso 1? El Señor

Génesis 19:1 ¿QUIÉNES son los dos que llegaron a Sodoma? Los dos á n g e l e s vinieron a Sodoma.

Génesis 18:6-8 ¿QUÉ hace Abraham? Le dice a Sara que prepare pan, luego escogió a un becerro para que fuera preparado y brindarlo a los tres hombres para comer.

Génesis 18:9-10 ¿QUÉ le dijo el Señor a Abraham que pasaría en este tiempo el siguiente año? Sara tendría un hijo.

Génesis 18:11 ¿QUÉ podemos ver sobre Abraham y Sara? Ellos eran ancianos, a Sara le había cesado la costumbre de las mujeres.

Génesis 17:1 ¿CUÁNTOS años tendría Abraham cuando su hijo naciera? 100 años

Génesis 17:17 ¿CUÁNTOS años tendría Sara cuando Isaac naciera? 90 años

Guía de Instrucciones

Génesis 18:12 ¿QUÉ hizo Sara? <u>Ella se rio para sus adentros.</u>

¿POR QUÉ se rió Sara? <u>Ella creyó que era muy vieja para tener hijos.</u>

Génesis 18:13-14 ¿CUÁL fue la respuesta del Señor? <u>"¿Hay algo demasiado difícil para el Señor?...Sara tendrá un hijo".</u>

Génesis 18:15 ¿POR QUÉ Sara negó haberse reído? <u>Porque tuvo miedo.</u>

Génesis 18:16 ¿DÓNDE estaban mirando los varones mientras Abraham caminaba con ellos? <u>Hacia Sodoma.</u>

Génesis 18:17 ¿QUÉ pregunta el Señor? <u>"¿Ocultaré</u> a Abraham lo que voy a hacer?"

Génesis 18:19 ¿QUÉ vemos que el Señor ha hecho con respecto a Abraham? <u>"Y Yo lo he escogido para que mande a sus hijos y a su casa después de él que guarde el camino del Señor, haciendo justicia y juicio".</u>

El Nuevo Nombre de Abram

86 TERCERA SEMANA

61 Ahora mira todo lo que hemos aprendido sobre nuestro valiente explorador en este día. Abraham tenía 99 años y el Señor llega con dos varones (ángeles) para decirle que él tendría a su hijo por ese tiempo el siguiente año. ¿No es eso increíble?

¿Hay algo demasiado difícil para el Señor? ¡No! Recuerda lo que has aprendido sobre Dios. Él es un Dios Todopoderoso, Él está en control de todas nuestras circunstancias, Él ve y Él oye. ¡Nada es demasiado difícil para Dios!

Ahora antes de que partas en tu viaje, busca y lee Romanos 4:18-21.

¿Viste cómo Abraham tuvo esperanza contra esperanza? Él sabía que era demasiado viejo para tener un hijo, pero Dios dijo que él lo tendría por ese tiempo en el siguiente año, así que él escogió creerle a Dios.

¿Harás lo mismo que hizo el valiente explorador de Dios? Sin importar cuán difíciles y duras sean tus circunstancias, ¿tendrás esperanza contra esperanza y le creerás a Dios? Sí___ No___

¿Te diste cuenta que Abraham no titubeó con incredulidad sino que se fortaleció en fe? ¿A QUIÉN dio gloria? Así es, ¡a Dios! Él sabía que Dios era capaz de cumplir lo que había prometido.

¿Sabes eso acerca de Dios? ¿Crees que Dios puede hacer cualquier cosa a pesar de lo imposible que parezca? ¿Tienes una fe que no titubea como la de Abraham? Sí___ No___

Ahora, por qué no escribes una breve oración a Dios en las siguientes líneas, pidiéndole que te ayude a tener una fe como la de Abraham, ¡para ayudarte a saber que nada es demasiado difícil para Él!

_____

_____

_____

_____

¡Fantástico! ¡Estás en camino de un viaje de por vida de crecimiento en tu fe!

Guía de Instrucciones

61 Discute el texto en la página 86. Pide a los estudiantes que escriban respuestas independientemente.

Has completado un estudio serio de la Palabra de Dios. El Señor lo sabe y se complace en tu deseo de conocerlo.

Si eres maestro en un aula puedes tomarles una lección del verso para memorizar a tus estudiantes. Además hay un examen de la Tercera Semana en la página 195 para evaluar la memorización y comprensión.

Este es un buen momento para repasar toda la semana con un juego como el *Juego de Dibujar* en la página 202, el *Juego de Emparejar* en la página 203 o el *Juego de las Seis Preguntas Básicas* en la página 205.

Verso para memorizar

El Señor se le apareció y le dijo: "Yo soy el Dios Todopoderoso; anda delante de Mí y sé perfecto".
Génesis 17:1

Guía de Instrucciones

CUARTA SEMANA

Comenzamos otra semana de aprender sobre Dios en Su propia Palabra. Pídele que dirija tu estudio y deje claro cada mensaje para ti.

62 Ve a la página 87 y lee "Génesis 18-19" y "Abraham Habla con Dios"

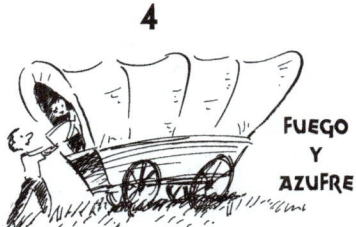

GENÉSIS 18-19

62 ¿Estás listo para viajar entre la tierra salvaje de Nebraska para ver cómo se sintió realmente ser como un pionero sin baños, camas o cocinas? ¡Genial! Entonces acompañemos a Max, Silvia y Chispa mientras ellos cargan sus vagones para su aventura llena de diversión.

ABRAHAM CAMINA CON DIOS

Miguel se acercó al área de picnic. "¿Hay alguien aquí que le gustaría montar a caballo?" preguntó con alegría en su voz. "Nosotros", respondió Silvia emocionada señalando a Max y ella misma.

"Muy bien, Max, tú puedes montar a Media Pinta y Silvia puede montar a Leche Cuajada. Yo ayudaré a Lucy, Katy y Cecilia a conducir sus vagones y Lucas, Guillermo y Jaime pueden manejar el otro vagón. ¿Están listos para salir?"

"¡Sí, señor!" gritaron Max y Silvia al dirigirse a montar sus caballos. Max montó a Media Pinta, una yegua india Appaloosa,

mientras que Silvia montó a Leche Cuajada, la hermana de Media Pinta. Sauce, el potro de Media Pinta, estaba parado junto a su madre.

Los demás subieron a sus vagones, con Chispa sentado junto a Miguel en el asiento del conductor. Cuando todos estaban listos, Miguel tiró de las riendas y exclamó: "¡Vaaagoooneeees, hoooooo!" y el equipo de caballos de tiro de Miguel, Rayo y Pecas, comenzaron a tirar de los vagones lenta y desgarbadamente por la llanura con los caballos de Max y Silvia yendo al trote detrás de los vagones rodantes. ¡Estamos en camino!

Fuego y Azufre 111

(Página 88)

Ahora que estamos en camino por la llanura, terminemos de marcar el mapa de Dios en Génesis 18. Ve a la página 172. Marca las siguientes palabras clave en Génesis 18:19-33:

63

Abraham (coloréalo de azul)

Pecado (coloréalo de café)

Destruir (dibuja líneas negras como un garabato)

Impío (coloréalo de negro)

Justo (coloréalo de celeste con una "J")

No olvides marcar cualquier cosa que te indique DÓNDE ocurre algo, subrayando el lugar con doble línea de color verde. Y no olvides marcar cualquier cosa que te indique cuándo ocurrió algo dibujando un reloj verde como este: 🕒

(Página 172)

19 Y Yo lo he escogido para que mande a sus hijos y a su casa después de él que guarden el camino del Señor, haciendo justicia y juicio, para que el Señor cumpla en Abraham todo lo que Él ha dicho acerca de él".

20 Después el Señor dijo: "El clamor de Sodoma y Gomorra ciertamente es grande, y su pecado es sumamente grave.

21 Descenderé ahora y veré si han hecho en todo conforme a su clamor, el cual ha llegado hasta Mí. Y si no, lo sabré".

22 Entonces los hombres se apartaron de allí y fueron hacia Sodoma, mientras Abraham estaba todavía de pie delante del Señor.

23 Y Abraham se acercó al Señor y dijo: "¿En verdad destruirás al justo junto con el impío?

24 Tal vez haya cincuenta justos dentro de la ciudad. ¿En verdad la destruirás y no perdonarás el lugar por amor a los cincuenta justos que hay en ella?

Guía de Instrucciones

63 Agrega las palabras clave nuevas a tu separador o tarjeta. Ve a la página 172 y lee Génesis 18:19-33 en voz alta mientras los estudiantes siguen la lectura y mencionan cada palabra clave al marcarlas juntos.

Abraham (coloréalo de azul)

Pecado (coloréalo de café)

Destruir (dibuja líneas negras como un garabato)

Impío (coloréalo de negro)

Justo (coloréalo de celeste con una "J")

DÓNDE (subraya con doble línea de color verde las palabras que denoten lugares)

CUÁNDO (dibuja un reloj verde sobre las palabras que denoten tiempo)

Guía de Instrucciones

Registro de Observaciones   173

25 Lejos de Ti hacer tal cosa: matar al justo con el impío, de modo que el justo y el impío sean *tratados* de la misma manera. ¡Lejos de Ti! El Juez de toda la tierra, ¿no hará justicia?".

26 Entonces el Señor le respondió: "Si hallo en Sodoma cincuenta justos dentro de la ciudad, perdonaré a todo el lugar por consideración a ellos".

27 Y Abraham respondió: "Ahora que me he atrevido a hablar al Señor, yo que soy polvo y ceniza.

28 Tal vez falten cinco para los cincuenta justos. ¿Destruirás por los cinco a toda la ciudad?». Y el Señor respondió: "No *la* destruiré si hallo allí cuarenta y cinco".

29 *Abraham* le habló de nuevo: "Tal vez se hallen allí cuarenta". Y Él respondió: "No *lo* haré, por consideración a los cuarenta".

30 Entonces *Abraham* dijo: "No se enoje ahora el Señor, y hablaré. Tal vez se hallen allí treinta". "No *lo* haré si hallo allí treinta", respondió el Señor.

31 Y *Abraham* dijo: "Ahora me he atrevido a hablar al Señor. Tal vez se hallen allí veinte". Y Él respondió: "No *la* destruiré por consideración a los veinte".

32 Entonces Abraham dijo: "No se enoje ahora el Señor, y hablaré solo esta vez. Tal vez se hallen allí diez". "No *la* destruiré por consideración a los diez", respondió el Señor.

33 Tan pronto como acabó de hablar con Abraham, el Señor se fue, y Abraham volvió a su lugar.

Fuego y Azufre   89

¡Muy bien! Descubramos nuestro verso para memorizar al mirar algunos de los artefactos de Miguel a continuación. En cada uno de los artefactos de los pioneros hay un número y una letra. Bajo los artefactos están los espacios en blanco de tu verso, con un número debajo de cada espacio en blanco. Encuentra la letra que corresponda al número en el artefacto y escribe la letra en el espacio en blanco, para descubrir cuál es tu verso para memorizar de esta semana.

Fuego y Azufre

Guía de Instrucciones

(Página 89)

64 Vuelve a la página 89 y escribe cada letra debajo de la figura de los artefactos. Esto te dará el verso para memorizar de la semana. Los números de los artefactos son la clave para encontrar las letras correctas.

"Y Yo lo he escogido para que mande a sus hijos y a su casa después de él que guarden el camino del Señor, haciendo justicia y juicio, para que el Señor cumpla en Abraham todo lo que Él ha dicho acerca de él".
—Génesis 18:19

Copia el verso para memorizar en una tarjeta y practica leyéndolo tres veces.

64 "Y Yo lo he escogido para que mande a sus hijos y a su casa después de él que guarden el camino del Señor, haciendo justicia y juicio, para que el

---

90　　CUARTA SEMANA

Señor cumpla en Abraham todo lo que Él ha dicho acerca de él".

Génesis 18:19

Ahora al practicar diciendo tu verso tres veces hoy, determina en tu corazón ser como Abraham. Dios te ha escogido, así que guarda Sus caminos haciendo justicia y juicio y Dios te bendecirá así como bendijo a Abraham.

Guía de Instrucciones

Pide a Dios que te dé claridad hoy. Él tiene un mensaje especial solo para ti. ¿No es eso asombroso?

65 Ve a la página 80 y lee "Dios revela Su plan a Abraham".

66 Busca los versos de Amós 3:7 y Apocalipsis 1:1. Léelos en voz alta mientras los estudiantes siguen la lectura. Luego responde las preguntas.

Amós 3:7 ¿A QUIÉN revela Dios Su secreto?
Él revela Su secreto a Sus siervos los profetas.

Apocalipsis 1:1 ¿QUÉ reveló Dios a sus siervos?
Las cosas que deben suceder pronto.

Regresa a la página 172 y lee los siguientes versos de Génesis 18 para responder a las preguntas en las páginas 91-92.

(Página 91)

¿Ves cómo Dios nunca nos oculta lo que Él hará? Podemos saber qué hará Dios en el futuro, porque tenemos toda Su Palabra. Tenemos la Biblia completa.

Ahora regresemos a Génesis 18:20 en la página 172.

Génesis 18:20 ¿QUÉ menciona el Señor acerca de Sodoma y Gomorra?

Su **pecado** es sumamente **grave**.

Génesis 18:21 ¿QUÉ haría el Señor?

Ver si habían hecho según su clamor.

Génesis 18:22-23 ¿QUÉ le pregunta Abraham al Señor después que los dos varones salen hacia Sodoma?

"¿En verdad **destruirás** al **justo** junto con el **impío**?"

CUARTA SEMANA

Génesis 18:24-25 ¿QUÉ dice Abraham sobre el Señor?

"El **Juez** de toda la **tierra**, ¿no hará **justicia**?"

Génesis 18:26 ¿CÓMO le responde el Señor?

"Si hallo en Sodoma **cincuenta** **justos** dentro de la ciudad, **perdonaré** a todo el lugar por consideración a ellos".

Génesis 18:27 Cuando Abraham vuelve a hablarle al Señor, ¿qué reconoce sobre sí mismo?

"Yo que soy **polvo** y **ceniza**".

Ahora, en Génesis 18:28-32 vemos a Abraham que continúa preguntándole a Señor lo QUE haría si hubiera diferentes cantidades de justos:

Verso 28	**45**	justos
Verso 29	**40**	justos
Verso 30	**30**	justos
Verso 31	**20**	justos
Verso 32	**10**	justos

Guía de Instrucciones

Génesis 18:20 ¿QUÉ menciona el Señor acerca de Sodoma y Gomorra? Su pecado es sumamente grave.

Génesis 18:21 ¿QUÉ haría el Señor? Ver si habían hecho según su clamor.

Génesis 18:22-23 ¿QUÉ le pregunta Abraham al Señor después que los dos varones salen hacia Sodoma?
"¿En verdad destruirás al justo junto con el impío?"

Génesis 18:24-25 ¿QUÉ dice Abraham sobre el Señor? "El Juez de toda la tierra, ¿no hará justicia?"

Génesis 18:26 ¿CÓMO le responde el Señor? "Si hallo en Sodoma cincuenta justos dentro de la ciudad, perdonaré a todo el lugar por consideración a ellos".

Génesis 18:27 Cuando Abraham vuelve a hablarle al Señor, ¿QUÉ reconoce sobre sí mismo?
"Yo que soy polvo y ceniza".

Génesis 18:28-32 Abraham continúa preguntándole a Señor lo QUE haría si hubiera diferentes cantidades de justos:

Verso 28 45 justos

Verso 29 40 justos

Verso 30 30 justos

Verso 31 20 justos

Verso 32 10 justos

Guía de Instrucciones

67 DIRIGE una discusión sobre el significado de "justicia".

Génesis 18:32 ¿QUÉ le dice el Señor a Abraham? <u>"No la destruiré por consideración a los diez".</u>

68 LEE el texto al inicio de la página 93. Discute cuán asombroso es el interés de Dios en todo en nuestras vidas. Él nos oye cuando oramos.

1 Juan 5:14-15 ¿CÓMO podemos pedir cualquier cosa a Dios?
"…si pedimos cualquier cosa <u>conforme</u> a Su <u>voluntad</u>, Él nos <u>oye</u>. Y si sabemos que Él nos <u>oye</u> en cualquier cosa que <u>pidamos</u>, sabemos que tenemos las <u>peticiones</u> que Le hemos hecho".

Lee el resto del texto en la página 93. Pide a Dios que vuelva a las personas a Él mismo.

Discute acerca de Abraham y la manera en que se dirigió a Dios.

Pide a cada estudiante que responda la pregunta en la página 94 por su cuenta.

(Página 92)

67 ¿QUÉ significa ser justo? ¿Lo recuerdas? Ser justo quiere decir estar bien con Dios. Una persona justa es alguien que se da cuenta que es un pecador y que ha confesado sus pecados para tener una relación correcta con Dios. Es una persona que quiere hacer lo que Dios dice que es correcto.

Génesis 18:32 ¿QUÉ le dice el Señor a Abraham?

No la destruiré por consideración a los diez.

Fuego y Azufre   93

68 ¿No es asombroso ver cómo el Señor oyó el ruego de Abraham? Abraham pregunta al Señor si Él tratará al impío y al justo de la misma manera.

Abraham conoce que el Señor es un Dios justo que juzga con justicia. Él pide al Señor que mire si hay alguna persona justa en Sodoma y que perdone la ciudad por amor al justo. ¿Qué sucedió? El Señor respondió que Él perdonaría a la ciudad si hallaba tan solo diez justos.

Nosotros también tenemos la extraordinaria oportunidad de que Dios escuche nuestras peticiones. Podemos ir a Dios en oración y pedirle Su ayuda para nuestro país, así como Abraham lo hizo por Sodoma y Gomorra. ¿Nos escuchará Dios? Busca y lee 1 Juan 5:14-15.

Podemos pedirle a Dios cualquier cosa si pedimos ¿de QUÉ manera?

"…si pedimos cualquier cosa **conforme** a Su **voluntad**, Él nos **oye**. Y si sabemos que Él nos **oye** en cualquier cosa que **pidamos**, sabemos que tenemos las **peticiones** que Le hemos hecho".

¿Has orado por tu ciudad y por tu país? Vivimos en un mundo muy impío que se parece mucho a Sodoma y Gomorra. Necesitamos buscar a Dios en oración y rogar a favor de nuestro país.

Necesitamos pedirle a Dios que vuelva los corazones de la gente de nuestro país hacia Él, que nos ayude a verdaderamente tener un país que sea una nación sometida a Dios, antes que Él decida traer juicio sobre nosotros, como lo hizo con Sodoma y Gomorra.

Ahora ¿CÓMO pidió Abraham? Vemos que Abraham se acerca al Señor diciéndole que él es polvo y ceniza. Abraham sabía cuál era su lugar. Él estaba hablando con un Dios santo y justo.

Guía de Instrucciones

94 CUARTA SEMANA

¿CÓMO tratas a Dios? ¿Lo tratas como el Dios santo que Él es?

Escribe CÓMO te diriges a Dios.

_____

Ahora ora humillándote ante un Dios santo, alabándolo por quien Él es y ¡pidiéndole que vuelva los corazones de las personas de tu país hacia Él!

DOS ÁNGELES EN SODOMA

Guía de Instrucciones

Pide a Dios que toque tu corazón hoy y te dirija a un buen entendimiento de Su Palabra.

69 Ve a la página 94 y lee "Dos Ángeles en Sodoma".

70 Agrega las palabras clave nuevas a tu separador o tarjeta. Ve a la página 173 y lee Génesis 19 en voz alta mientras los estudiantes siguen la lectura y mencionan cada palabra clave al marcarlas contigo.

Abraham (coloréalo de azul)

Lot (coloréalo de naranja)

Los dos ángeles (coloréalos de amarillo)

Destruir (dibuja líneas negras como un garabato)

DÓNDE (subraya con doble línea de color verde las palabras que denoten lugares)

CUÁNDO (dibuja un reloj verde sobre las palabras que denoten tiempo)

(Página 94)

DOS ÁNGELES EN SODOMA

69 Miguel llevó el vagón hacia un costado del campamento y detuvo a Pecas y Rayo. Mientras él desataba a los caballos, todos se estiraron y bromearon sobre el viaje chirriante y lleno de baches por la llanura.

La mamá de Max dijo: "¿Pueden imaginar montar esos vagones día tras día por cinco meses?"

"Qué horror", respondió Cecilia, la tía de Max. "Ahora sé lo fácil que es para nosotros".

"Bueno", dijo la tía Katy riendo, "creo que es hora de convertirnos en verdaderas pioneras. Llamemos a los niños y vayamos a ayudar a Miguel a cocinar la cena".

Al acercarse a Miguel en el vagón, él ya estaba desempacando los ingredientes para la cena de aquella noche. "¿Qué es eso?", preguntó Max, mientras Miguel le entregó un pequeño salero y le pidió que sazonara una olla que tenían frejoles, jamón y cebollas. "Es mi propio condimento llamado 'Roja Diversión'. Esto hará que estos frejoles sepan tan bien, que hasta tú terminarás pidiendo porciones extra".

"No lo creo, Miguel", dijo Max riéndose. "Pero lo probaré, a ver qué tal".

Fuego y Azufre   95

Cuando Max terminó de sazonar los frejoles, Miguel los llevó y los colocó sobre el fuego. "En un ratito", le dijo a Silvia, "te dejaré usar mi propia sazón especial llamada 'polvo de sendero' al enharinar y condimentar la carne para nuestro estofado especial de fogata".

"¡Mmm!" respondió Silvia. "Eso suena muy bien. ¿Podemos ir a revisar la Roca Chimenea mientras esperamos, Miguel?"

"Claro que sí", respondió Miguel, "pero deben quedarse en el lado que tiene césped mientras escalan a la cima. La arcilla es realmente resbaladiza y no querrán deslizarse más rápido de lo que escalan a la cima".

"Tendremos cuidado", dijo Max. "Vamos, Chispa. Vamos a escalar otra genial roca".

Guía de Instrucciones

(Página 95)

Ahora, mientras cruzas la llanura para trepar la Roca Chimenea, saquemos el mapa de Dios para que podamos marcar lo que estaba ocurriendo en Sodoma y Gomorra. Ve a la página 173. Lee Génesis 19 y marca las siguientes palabras clave:

70

Abraham (coloréalo de azul)

Lot (coloréalo de naranja)

(Página 173)

Capítulo 19

1 Los dos ángeles llegaron a Sodoma al caer la tarde, cuando Lot estaba sentado a la puerta de Sodoma. Al ver*los*, Lot se levantó para recibirlos y se postró rostro en tierra,

Guía de Instrucciones

REGISTRO DE OBSERVACIONES

2 y les dijo: "Señores míos, les ruego que entren en la casa de su siervo y pasen *en ella* la noche y laven sus pies. Entonces se levantarán temprano y continuarán su camino". "No", dijeron ellos, "sino que pasaremos la noche en la plaza".

3 Él, sin embargo, les rogó con insistencia, y ellos fueron con él y entraron en su casa. Lot les preparó un banquete y coció pan sin levadura, y comieron.

4 Aún no se habían acostado, cuando los hombres de la ciudad, los hombres de Sodoma, rodearon la casa, tanto jóvenes como viejos, todo el pueblo sin excepción.

5 Y llamaron a Lot, y le dijeron: "¿Dónde están los hombres que vinieron a ti esta noche? Sácalos para que los conozcamos".

6 Entonces Lot salió a ellos a la entrada, y cerró la puerta tras sí,

7 "Hermanos míos, les ruego que no obren perversamente", les dijo Lot.

8 "Miren, tengo dos hijas que no han conocido varón. Permítanme sacarlas a ustedes y hagan con ellas como mejor les parezca. Pero no hagan nada a estos hombres, pues se han amparado bajo mi techo".

9 "¡Hazte a un lado!", dijeron ellos. Y dijeron además: "Éste ha venido como extranjero, y ya está actuando como juez; ahora te trataremos a ti peor que a ellos". Se lanzaron contra Lot y estaban a punto de romper la puerta,

10 pero los *dos* hombres extendieron la mano y metieron a Lot en la casa con ellos, y cerraron la puerta.

11 Y a los hombres que estaban a la entrada de la casa los hirieron con ceguera desde el menor hasta el mayor, de manera que se cansaban *tratando de* hallar la entrada.

REGISTRO DE OBSERVACIONES   175

12 Entonces los *dos* hombres dijeron a Lot: "¿A quién más tienes aquí? A *tus* yernos, a tus hijos, a tus hijas y quienquiera que tengas en la ciudad, sác*alos* de este lugar.

13 Porque vamos a destruir este lugar, pues su clamor ha llegado a ser tan grande delante del Señor, que el Señor nos ha enviado a destruirlo".

14 Lot salió y habló a sus yernos que iban a casarse con sus hijas, y dijo: "Levántense, salgan de este lugar porque el Señor destruirá la ciudad". Pero a sus yernos les pareció que bromeaba.

15 Al amanecer, los ángeles apremiaban a Lot, diciendo: "Levántate, toma a tu mujer y a tus dos hijas que están aquí, para que no sean destruidos en el castigo de la ciudad".

16 Pero él titubeaba. Entonces los *dos* hombres los tomaron de la mano, a él, y a su mujer y a sus dos hijas, porque la compasión del Señor *estaba* sobre él. Los sacaron y los pusieron fuera de la ciudad.

17 Cuando los habían llevado fuera, uno le dijo: "Huye por tu vida. No mires detrás de ti y no te detengas en ninguna parte del valle. Escapa al monte, no sea que perezcas".

18 "No, por favor, señores míos", les dijo Lot.

19 "Ahora tu siervo ha hallado gracia ante tus ojos, y has engrandecido tu misericordia la cual me has mostrado salvándome la vida. Pero no puedo escapar al monte, no sea que el desastre me alcance, y muera.

20 Mira, esta ciudad está *bastante* cerca para huir a ella, y es pequeña. Te ruego que me dejes huir allá (¿acaso no es pequeña?) para salvar mi vida".

Guía de Instrucciones

Guía de Instrucciones

Practica el verso para memorizar tres veces con un amigo.

Has trabajado un capítulo extenso con diligencia. Dios se complace en tu trabajo.

REGISTRO DE OBSERVACIONES

21 Y él le respondió: "Bien, te concedo también esta petición de no destruir la ciudad de que has hablado.
22 Date prisa, escapa allá, porque nada puedo hacer hasta que llegues allí". Por eso el nombre que se le puso a la ciudad fue Zoar (Pequeña).
23 El sol había salido sobre la tierra cuando Lot llegó a Zoar.
24 Entonces el SEÑOR hizo llover azufre y fuego sobre Sodoma y Gomorra, de parte del SEÑOR desde los cielos.
25 Él destruyó aquellas ciudades y todo el valle y todos los habitantes de las ciudades y *todo* lo que crecía en la tierra.
26 Pero la mujer de Lot, *que iba* tras él, miró *hacia atrás* y se convirtió en una columna de sal.
27 Abraham se levantó muy de mañana, y *fue* al sitio donde había estado delante del SEÑOR.
28 Dirigió la vista hacia Sodoma y Gomorra y hacia toda la tierra del valle y miró; y el humo ascendía de la tierra como el humo de un horno.
29 Pero cuando Dios destruyó las ciudades del valle, se acordó de Abraham e hizo salir a Lot de en medio de la destrucción, cuando destruyó las ciudades donde había habitado Lot.
30 Lot subió de Zoar y habitó en los montes, y sus dos hijas con él, pues tenía miedo de quedarse en Zoar. Y habitó en una cueva, él y sus dos hijas.
31 Entonces la mayor dijo a la menor: "Nuestro padre es viejo y no hay ningún hombre en el país que se llegue a nosotras según la costumbre de toda la tierra.
32 Ven, hagamos que beba vino nuestro padre, y acostémonos con él para preservar nuestra familia por medio de nuestro padre".

REGISTRO DE OBSERVACIONES

33 Aquella noche hicieron que su padre bebiera vino, y la mayor entró y se acostó con su padre, y él no supo cuando ella se acostó ni cuando se levantó.
34 Al día siguiente la mayor dijo a la menor: "Mira, anoche yo me acosté con mi padre. Hagamos que beba vino esta noche también, y entonces entra tú y acuéstate con él, para preservar nuestra familia por medio de nuestro padre".
35 De manera que también aquella noche hicieron que su padre bebiera vino, y la menor se levantó y se acostó con él, y él no supo cuando ella se acostó ni cuando se levantó.
36 Así las dos hijas de Lot concibieron de su padre.
37 Y la mayor dio a luz un hijo, y lo llamó Moab. Él es el padre de los moabitas hasta hoy.
38 En cuanto a la menor, también ella dio a luz un hijo, y lo llamó Ben (Hijo de)Ammi. Él es el padre de los amonitas hasta hoy.

(Página 96)

ESCAPE DE SODOMA

71 "Mmm, eso estuvo muy rico, Miguel", dijo Max al terminar lo último de su estofado y frejoles.

"Me alegra que te gustó", respondió Miguel. "Ahora, tan pronto como Silvia y tú limpien esos vasos y platos, les enseñaré cómo disparar un rifle de pólvora negra".

"¿En es serio, Miguel? ¿De veras nos dejarás disparar un rifle real de pólvora negra como los pioneros?"

"Seguro que sí", dijo Miguel, "siempre y cuando sus padres estén de acuerdo. Además les mostraré cómo murieron tantos pioneros porque no sabían cómo usar sus rifles".

Max y Silvia se apresuraron a lavar sus platos y ayudaron a limpiar el campamento para que pudieran tener su primera lección de tiro de rifle.

"Primero tenemos que verter un poco de pólvora negra en el cañón", explicó Miguel. "Luego tomamos nuestro paño y nos lo ponemos en la boca para mojarlo bastante".

"Ugh", dijo Silvia al mirar a Max sacar su paño de su boca. "¡Eso es muy asqueroso!"

Guía de Instrucciones

71 Ve a la página 96 y lee "Escape de Sodoma".

Cubrirás Génesis 19 en mayor detalle para responder las preguntas.

Pide a Dios que aclare tu mente y te ayude a concentrarte en Su Palabra.

Guía de Instrucciones

72 Ve a la página 173 y lee los siguientes versos para responder las preguntas.

(Página 173)

Capítulo 19

1 Los dos ángeles llegaron a Sodoma al caer la tarde, cuando Lot estaba sentado a la puerta de Sodoma. Al ver*los*, Lot se levantó para recibirlos y se postró rostro en tierra,

174 REGISTRO DE OBSERVACIONES

2 y les dijo: "Señores míos, les ruego que entren en la casa de su siervo y pasen *en ella* la noche y laven sus pies. Entonces se levantarán temprano y continuarán su camino". "No", dijeron ellos, "sino que pasaremos la noche en la plaza".

3 Él, sin embargo, les rogó con insistencia, y ellos fueron con él y entraron en su casa. Lot les preparó un banquete y coció pan sin levadura, y comieron.

4 Aún no se habían acostado, cuando los hombres de la ciudad, los hombres de Sodoma, rodearon la casa, tanto jóvenes como viejos, todo el pueblo sin excepción.

5 Y llamaron a Lot, y le dijeron: "¿Dónde están los hombres que vinieron a ti esta noche? Sácalos para que los conozcamos".

6 Entonces Lot salió a ellos a la entrada, y cerró la puerta tras sí,

7 "Hermanos míos, les ruego que no obren perversamente", les dijo Lot.

8 "Miren, tengo dos hijas que no han conocido varón. Permítanme sacarlas a ustedes y hagan con ellas como mejor les parezca. Pero no hagan nada a estos hombres, pues se han amparado bajo mi techo".

9 "¡Hazte a un lado!", dijeron ellos. Y dijeron además: "Éste ha venido como extranjero, y ya está actuando como juez; ahora te trataremos a ti peor que a ellos". Se lanzaron contra Lot y estaban a punto de romper la puerta,

10 pero los *dos* hombres extendieron la mano y metieron a Lot en la casa con ellos, y cerraron la puerta.

11 Y a los hombres que estaban a la entrada de la casa los hirieron con ceguera desde el menor hasta el mayor, de manera que se cansaban *tratando de* hallar la entrada.

Guía de Instrucciones

REGISTRO DE OBSERVACIONES   175

12 Entonces los *dos* hombres dijeron a Lot: "¿A quién más tienes aquí? A *tus* yernos, a tus hijos, a tus hijas y quienquiera que tengas en la ciudad, sác*alos* de este lugar.

13 Porque vamos a destruir este lugar, pues su clamor ha llegado a ser tan grande delante del Señor, que el Señor nos ha enviado a destruirlo".

14 Lot salió y habló a sus yernos que iban a casarse con sus hijas, y dijo: "Levántense, salgan de este lugar porque el Señor destruirá la ciudad". Pero a sus yernos les pareció que bromeaba.

15 Al amanecer, los ángeles apremiaban a Lot, diciendo: "Levántate, toma a tu mujer y a tus dos hijas que están aquí, para que no sean destruidos en el castigo de la ciudad".

16 Pero él titubeaba. Entonces los *dos* hombres los tomaron de la mano, a él, y a su mujer y a sus dos hijas, porque la compasión del Señor *estaba* sobre él. Los sacaron y los pusieron fuera de la ciudad.

17 Cuando los habían llevado fuera, *uno le* dijo: "Huye por tu vida. No mires detrás de ti y no te detengas en ninguna parte del valle. Escapa al monte, no sea que perezcas".

18 "No, por favor, señores míos", les dijo Lot.

19 "Ahora tu siervo ha hallado gracia ante tus ojos, y has engrandecido tu misericordia la cual me has mostrado salvándome la vida. Pero no puedo escapar al monte, no sea que el desastre me alcance, y muera.

20 Mira, esta ciudad está *bastante* cerca para huir a ella, y es pequeña. Te ruego que me dejes huir allá (¿acaso no es pequeña?) para salvar mi vida".

Guía de Instrucciones

---

176   REGISTRO DE OBSERVACIONES

21 Y él le respondió: "Bien, te concedo también esta petición de no destruir la ciudad de que has hablado.
22 Date prisa, escapa allá, porque nada puedo hacer hasta que llegues allí". Por eso el nombre que se le puso a la ciudad fue Zoar (Pequeña).
23 El sol había salido sobre la tierra cuando Lot llegó a Zoar.
24 Entonces el SEÑOR hizo llover azufre y fuego sobre Sodoma y Gomorra, de parte del SEÑOR desde los cielos.
25 Él destruyó aquellas ciudades y todo el valle y todos los habitantes de las ciudades y *todo* lo que crecía en la tierra.
26 Pero la mujer de Lot, *que iba tras él*, miró *hacia atrás* y se convirtió en una columna de sal.
27 Abraham se levantó muy de mañana, y *fue* al sitio donde había estado delante del SEÑOR.
28 Dirigió la vista hacia Sodoma y Gomorra y hacia toda la tierra del valle y miró; y el humo ascendía de la tierra como el humo de un horno.
29 Pero cuando Dios destruyó las ciudades del valle, se acordó de Abraham e hizo salir a Lot de en medio de la destrucción, cuando destruyó las ciudades donde había habitado Lot.
30 Lot subió de Zoar y habitó en los montes, y sus dos hijas con él, pues tenía miedo de quedarse en Zoar. Y habitó en una cueva, él y sus dos hijas.
31 Entonces la mayor dijo a la menor: "Nuestro padre es viejo y no hay ningún hombre en el país que se llegue a nosotras según la costumbre de toda la tierra.
32 Ven, hagamos que beba vino nuestro padre, y acostémonos con él para preservar nuestra familia por medio de nuestro padre".

REGISTRO DE OBSERVACIONES   177

33 Aquella noche hicieron que su padre bebiera vino, y la mayor entró y se acostó con su padre, y él no supo cuando ella se acostó ni cuando se levantó.
34 Al día siguiente la mayor dijo a la menor: "Mira, anoche yo me acosté con mi padre. Hagamos que beba vino esta noche también, y entonces entra tú y acuéstate con él, para preservar nuestra familia por medio de nuestro padre".
35 De manera que también aquella noche hicieron que su padre bebiera vino, y la menor se levantó y se acostó con él, y él no supo cuando ella se acostó ni cuando se levantó.
36 Así las dos hijas de Lot concibieron de su padre.
37 Y la mayor dio a luz un hijo, y lo llamó Moab. Él es el padre de los moabitas hasta hoy.
38 En cuanto a la menor, también ella dio a luz un hijo, y lo llamó Ben (Hijo de)Ammi. Él es el padre de los amonitas hasta hoy.

Fuego y Azufre

(Página 97)

Génesis 19:1 ¿A QUIÉN vieron los dos ángeles sentado a la puerta cuando llegaron a Sodoma?

Lot

¿Sabías que los dirigentes de las ciudades eran los que se sentaban a la puerta para dictar juicio? Sentarse a la puerta implicaba que uno tenía poder y autoridad en aquella ciudad.

Génesis 19:1 ¿QUÉ hace Lot cuando ve a los ángeles?

Se levantó para recibirlos y se postró en tierra.

Génesis 19:2 ¿QUÉ les pidió Lot que hicieran?

Que pasaran la noche en su casa.

Guía de Instrucciones

Génesis 19:1 ¿A QUIÉN vieron los dos ángeles sentado a la puerta cuando llegaron a Sodoma? **Lot**

Dirige una discusión sobre los "líderes del pueblo".

Génesis 19:1 ¿QUÉ hace Lot cuando ve a los ángeles? **Se levantó para recibirlos y se postró en tierra.**

Génesis 19:2 ¿QUÉ les pidió Lot que hicieran? **Que pasaran la noche en su casa.**

Génesis 19:2 ¿CUÁL fue la respuesta de los ángeles? **"No, sino que pasaremos la noche en la plaza".**

Génesis 19:3 ¿QUÉ les insistió Lot que hicieran? **Entrar a su casa**

Génesis 19:4-5 ¿QUÉ pasó esa noche? **Los hombres de la ciudad rodearon la casa de Lot y llamaron a Lot para que sacara a los dos ángeles para que ellos pudieran conocerlos.**

Génesis 19:6-7 ¿QUÉ les dijo Lot? **"Hermanos míos, les ruego que no obren perversamente".**

Génesis 19:9 ¿QUÉ trataron hacer los hombres de la ciudad? **Se lanzaron contra Lot y estaban a punto de romper la puerta.**

Génesis 19:10 ¿QUÉ hicieron los varones (ángeles)? **Ellos metieron a Lot en la casa con ellos y cerraron la puerta.**

Guía de Instrucciones

Génesis 19:11 ¿QUÉ hicieron ellos con los hombres que estaban a la puerta de la casa? Los hirieron con ceguera.

Génesis 19:12 ¿QUÉ le dijeron los ángeles a Lot que hiciera? Que sacara a todos de la casa fuera de la ciudad.

Génesis 19:13 ¿QUÉ estaban a punto de hacer los ángeles? Destruir la ciudad.

Génesis 19:16 ¿QUÉ hizo Lot? Él titubeaba.

Génesis 19:16 ¿QUÉ hicieron los ángeles? Los tomaron de la mano a Lot y a su familia y los pusieron fuera de la ciudad.

Génesis 19:16 ¿POR QUÉ? Porque la compasión del Señor estaba sobre él.

Génesis 19:17 ¿QUÉ les dijeron a Lot y su familia que hicieran? Huye por tu vida. No mires detrás de ti y no te detengas en ninguna parte del valle. Escapa al monte, no sea que perezcas.

Cuarta Semana

Génesis 19:24 ¿QUÉ hizo Dios?

Él hizo llover fuego y azufre sobre Sodoma y Gomorra.

Génesis 19:26 ¿QUÉ hizo su esposa?

Ella miró hacia atrás.

Génesis 19:26 ¿QUÉ le ocurrió a ella?

Se convirtió en una columna de sal.

Génesis 19:28 ¿QUÉ vio Abraham?

Humo sobre las ciudades.

Génesis 19:29 ¿POR QUÉ Dios hizo salir a Lot de en medio de la destrucción?

Él se **acordó** de Abraham.

Génesis 19:30 ¿ADÓNDE fue Lot y se quedó con sus dos hijas?

Lot subió de Zoar y habitó en los montes en una cueva.

En Génesis 19:31-38 vemos que las dos hijas de Lot temían que debido a la destrucción completa del valle no habría hombre que quedara en la tierra que fuera padre de sus hijos. Entonces ¿QUÉ hicieron? ¿Clamaron a Dios por ayuda o tomaron el asunto en sus propias manos?

Guía de Instrucciones

Génesis 19:24 ¿QUÉ hizo Dios? Él hizo llover fuego y azufre sobre Sodoma y Gomorra.

Génesis 19:26 ¿QUÉ hizo su esposa? Ella miró hacia atrás.

Génesis 19:26 ¿QUÉ le ocurrió? Se convirtió en una columna de sal.

Génesis 19:28 ¿QUÉ vio Abraham? Humo sobre las ciudades.

Génesis 19:29 ¿POR QUÉ Dios hizo salir a Lot de en medio de la destrucción? Él se acordó de Abraham.

Génesis 19:30 ¿ADÓNDE fue Lot y se quedó con sus dos hijas? Lot subió de Zoar y habitó en los montes en una cueva.

Guía de Instrucciones

Génesis 19:32 ¿QUÉ consiguieron que su padre hiciera? Beber vino y acostarse con ellas.

Génesis 19:32 ¿QUÉ estaban tratando de preservar? Su familia

¿Hicieron lo correcto o lo incorrecto? Discute al respecto

Génesis 19:37 ¿CÓMO llamó la primera hija de Lot a su hijo? Moab; él es el padre de los moabitas.

Génesis 19:38 ¿CÓMO llamó la hija menor de Lot a su hijo? Ben-Ammi; él es el padre de los amonitas.

73 Lee el resto del texto en las páginas 101 y 102.

¿POR QUÉ titubeaba Lot?

Guía de Instrucciones

Dirige una discusión y pide a los estudiantes que respondan por su cuenta las preguntas en la página 102.

Practica tu verso para memorizar (Guía del Maestro, página 113).

Guía de Instrucciones

Estás a punto de completar otra semana de profundizar en la Palabra de Dios. ¡Asombroso!

Pide a Dios que te ayude a comprender Su mensaje para ti.

74 Ve a la página 102 y lee "Una Ciudad Impía y Desolada".

(Página 102)

Fuego y Azufre   103

por toda la conmoción que ocurría alrededor de los vagones. El tío Jaime, Max, Silvia y Chispa caminaron un poco hacia la cima para ver si podían visualizar algo.

"¡Ahí viene!" gritó Max desde la cima. "Puedo ver su camisa roja. ¡Se aproxima!" Todos se juntaron alrededor de la fogata mientras Miguel preparaba su desayuno especial de vaquero. Ellos miraron al jinete del pony express llegar al campamento con una carta especial dirigida a Max y Silvia.

"¡Miren!" exclamó Silvia. "¡Tenemos correo!"

Cuando Max y Silvia entregaron su correo al mensajero del pony express, él puso sus cartas dentro de su bolso y montó su caballo en un abrir y cerrar de ojos para continuar su viaje de entregas de correo, justo como lo hacían en los días de los pioneros.

Ahora que la emoción terminó, Miguel está listo y es hora de sentarnos y probar su famoso desayuno de vaqueros. ¿QUÉ es un desayuno de vaqueros? Es todo lo que ha sobrado echado sobre un enorme sartén de hierro fundido. Veamos, hay carne de nuestro estofado, cebollas, papas, queso, huevos, tocino y salchichas. ¡Ten cuidado con Chispa! Él está justo a tu lado parado sobre sus patas traseras oliendo tu plato y ¡ya sabes lo mucho que le gusta robarse tu tocino!

Ahora, al comer nuestro desayuno, echemos otro vistazo a Sodoma y Gomorra. ¿Sabías que Sodoma es mencionada 48 veces en 14 libros de la Biblia? ¿POR QUÉ crees que Dios ha escrito tanto sobre Sodoma?

Obviamente hay algo que Él quiere enseñarnos. Así que vamos a orar. Luego necesitamos sacar el mapa de Dios. Necesitamos buscar las referencias que están en la lista de la siguiente página para descubrir cómo era Sodoma, cómo Lot llegó ahí, cómo era la gente de Sodoma y cómo es Sodoma en la actualidad.

Fuego y Azufre

104   Cuarta Semana

¿CÓMO es Sodoma?

Génesis 13:10 En el valle del **Jordán**

Estaba bien **regado**.

¿CÓMO era la gente en Sodoma?

Génesis 13:13 Los hombres de Sodoma eran **malos** y **pecadores** en gran manera contra el **Señor.**.

Judas 1:7 Así también Sodoma y Gomorra y las ciudades circunvecinas, a semejanza de aquéllos, puesto que ellas se **corrompieron** y siguieron carne extraña, son exhibidas como ejemplo al sufrir el **castigo** del **fuego** eterno.

¿CÓMO llegó Lot allí?

Génesis 13:11 **Lot** escogió vivir en el valle del **Jordán**.

Génesis 13:12 **Lot** puso sus tiendas hasta **Sodoma**

Génesis 14:12 Ellos se llevaron a **Lot**, pues él habitaba en Sodoma.

Guía de Instrucciones

Lee los siguientes versos para responder las preguntas sobre las ciudades impías.

Génesis 13:10 ¿CÓMO era Sodoma? En el valle del Jordán. Estaba bien regado.

¿CÓMO era la gente en Sodoma? Génesis 13:13 Los hombres de Sodoma eran malos y pecadores en gran manera contra el Señor.

Judas 1:7 Así también Sodoma y Gomorra y las ciudades circunvecinas, a semejanza de aquéllos, puesto que ellas se corrompieron y siguieron carne extraña, son exhibidas como ejemplo al sufrir el castigo del fuego eterno.

¿CÓMO llegó Lot allí?
Génesis 13:11 Lot escogió vivir en el valle del Jordán.

Génesis 13:12 Lot puso sus tiendas hasta Sodoma.

Génesis 14:12 Ellos se llevaron a Lot, pues él habitaba en Sodoma.

Guía de Instrucciones

¿QUÉ le hizo a Lot el vivir en Sodoma?
2 Pedro 2:6-8 Además rescató al <u>justo</u> Lot, <u>abrumado</u> por la <u>conducta</u> sensual de hombres <u>libertinos</u> (porque ese justo, por lo que <u>veía</u> y <u>oía</u> mientras vivía entre ellos, diariamente sentía su alma <u>justa</u> <u>atormentada</u> por las <u>iniquidades</u> de ellos).

¿QUÉ hizo Dios con Sodoma? ¿CÓMO es en la actualidad? Deuteronomio 29:23 Toda su tierra es <u>azufre</u>, <u>sal</u> y <u>calcinación</u>, sin sembrar, nada <u>germina</u> y el <u>pasto</u> no crece en ella...el Señor [la] destruyó en Su <u>ira</u> y en Su <u>furor</u>.

Jeremías 50:40 <u>Dios</u> destruyo a Sodoma y Gomorra y a sus <u>ciudades</u> <u>vecinas</u>. Ningún hombre <u>habitará</u> allí, ni <u>residirá</u> en ella hijo de hombre.

Fuego y Azufre   105

¿QUÉ le hizo a Lot el vivir en Sodoma?

2 Pedro 2:6-8 Además rescató al **justo** Lot, **abrumado** por la **conducta** sensual de hombres **libertinos** (porque ese justo, por lo que **veía** y **oía** mientras vivía entre ellos, diariamente sentía su alma **justa** **atormentada** por las **iniquidades** de ellos).

¿QUÉ hizo Dios con Sodoma? ¿CÓMO es en la actualidad?

Deuteronomio 29:23 Toda su tierra es **azufre**, **sal** y **calcinación**, sin sembrar, nada **germina** y el **pasto** no crece en ella... el Señor [la] destruyó en Su **ira** y en Su **furor**.

Jeremías 50:40 **Dios** destruyo a Sodoma y Gomorra y a sus **ciudades** **vecinas**. Ningún hombre **habitará** allí, ni **residirá** en ella hijo de hombre.

Entonces veamos lo que descubrimos. ¿Notaste cómo en Génesis 13 Sodoma era bien regada y se veía tan bien que Lot escogió vivir cerca de ahí? Haz un dibujo de cómo se veía Sodoma en Génesis 13:10 en el cuadro en la siguiente página.

Guía de Instrucciones

75 En el cuadro de la página 106, dibuja cómo se veía Sodoma de acuerdo a Génesis 13:10.

76 Lee el texto en las páginas 106 y 107 y dirige una discusión.

Guía de Instrucciones

77 En el cuadro en la página 107, dibuja cómo se veía Sodoma después que Dios la destruyó.

Fuego y Azufre

108 — CUARTA SEMANA

Busca y lee 1 Corintios 6:9-11.

1 Corintios 6:9 ¿QUIÉN no heredará el reino de Dios?

Los __injustos__

Ahora haz una lista de los que Dios dice que son injustos en los versos 9-10.

Inmorales, idólatras, adúlteros, afeminados, homosexuales, ladrones, avaros, borrachos, difamadores, estafadores.

Dios nos ha dado el ejemplo de Sodoma y Gomorra para mostrarnos qué sucede cuando continuamos en nuestro pecado. Dios traerá juicio sobre aquellos que son injustos, los impíos, a menos que ellos cambien sus caminos.

- ¿Te ha mostrado Dios algo en tu vida que es pecado?

  ___ Si   ___ No

- ¿Estás dispuesto a cambiarlo, apartarte de ello y no hacerlo más? ___ Sí ___ No

Si es así, entonces todo lo que necesitas hacer es ir a Dios y decirle lo que has hecho mal y que quieres ser perdonado de ese pecado (1 Juan 1:9).

Ahora di tu verso de memoria en voz alta, para que te acuerdes que Dios te ha escogido. Por lo tanto, guarda Sus caminos haciendo justicia y juicio.

¡Buen trabajo! ¡Es hora de cargar esos vagones y regresar al rancho para que podamos continuar nuestro viaje por la Ruta de Oregón!

Guía de Instrucciones

Lee 1 Corintios 6:9-11. ¿Quién no heredará el reino de Dios? Los injustos

Haz una lista de los que son injustos según los versos 9-10. **Inmorales, idólatras, adúlteros, afeminados, homosexuales, ladrones, avaros, borrachos, difamadores, estafadores.**

Discute antes de responder las últimas dos preguntas en la página 108.

Practica tu verso para memorizar en voz alta con un compañero.

¡Vaya! ¡Qué semana!

Has permanecido enfocado en la Palabra de Dios y has cubierto bastante material.

Dios observa tu diligencia y se agrada.

Dale gracias a Dios por ser privilegiado al profundizar en Su Palabra.

Si eres un maestro en un aula puedes tomarles una lección del verso para memorizar a tus estudiantes. Además hay un examen de la Cuarta Semana en la página 196 para evaluar la memorización y comprensión.

Este es un buen momento para repasar toda la semana con un juego.

Verso para memorizar

"Y Yo lo he escogido para que mande (instruya) a sus hijos y a su casa después de él que guarden el camino del Señor, haciendo justicia y juicio, para que el Señor cumpla en Abraham todo lo que Él ha dicho acerca de él".

Génesis 18:19

Guía de Instrucciones

QUINTA SEMANA

Antes de comenzar esta semana, pide a Dios que Su Palabra more abundantemente en ti.

Pídele que te dirija a lo largo de este estudio y te permita comprender plenamente Su mensaje para ti.

78 Ve a la página 109 y lee "Génesis 20-21" y "El Engaño de Abraham".

79 Agrega las palabras clave nuevas a tu separador o tarjeta. Ve a la página 177 y lee Génesis 20 en voz alta mientras los estudiantes siguen la lectura y mencionan cada palabra clave al marcarlas juntos.

Dios (dibuja un triángulo morado y coloréalo de amarillo)

Abraham (coloréalo de azul)

Sueño (dibuja una nube azul)

Nación (coloréala de verde y subráyala con café)

Pecado, pecar (coloréalo de café)

Orar, oró (dibuja orar de morado y coloréalo de rosado)

DÓNDE (subraya con doble línea de color verde las palabras que denoten lugares)

CUÁNDO (dibuja un reloj verde sobre las palabras que denoten tiempo)

GENÉSIS 20-21

78

¿No fue asombroso manejar un verdadero vagón cubierto por la llanura y acampar al pie de la Roca Chimenea? ¡Ahora sabes qué se siente ser un verdadero pionero!

Al continuar nuestro viaje en esta semana, seguiremos a Abraham cuando él deja el encinar de Mamre y viaja a la tierra del Neguev. Necesitamos descubrir en DÓNDE se establece y QUÉ le sucede allí.

EL ENGAÑO DE ABRAHAM

"Oye, papá", dijo Max mientras Silvia y él miraban fuera de la ventana de la camioneta. ¿Es eso Scotts Bluff adelante?"

"Así es. ¿Por qué no manejamos a toda velocidad esta vez en lugar de hacer senderismo y pasamos algo de tiempo en los miradores? De esa manera tendremos tiempo para llegar a Wyoming para ver el Fuerte Laramie, el Peñasco del Registro y los Surcos de Guernsey donde todavía existen surcos de hasta metro y medio en algunos lugares".

109

Guía de Instrucciones

marcar cualquier cosa que te indique CUÁNDO ocurrió algo dibujando un reloj verde como este:

Guía de Instrucciones

Vuelve a leer los siguientes versos y responde las preguntas en las páginas 111-113.

(Página 177)

Capítulo 20

1 Abraham salió de donde estaba hacia la tierra del Neguev (Región del Sur), y se estableció entre Cades y Shur. Entonces estuvo por un tiempo en Gerar.

2 Abraham decía de Sara su mujer: "Es mi hermana". Entonces Abimelec, rey de Gerar, envió y tomó a Sara.

3 Pero Dios vino a Abimelec en un sueño de noche, y le dijo: "Tú eres hombre muerto por razón de la mujer que has tomado, pues está casada".

4 Pero Abimelec no se había acercado a ella, y dijo: "Señor, ¿destruirás a una nación aunque *sea* inocente?

---

178   REGISTRO DE OBSERVACIONES

5 ¿No me dijo él mismo: 'Es mi hermana'? Y ella también dijo: 'Es mi hermano'. En la integridad de mi corazón y con manos inocentes yo he hecho esto".

6 Entonces Dios le dijo en el sueño: "Sí, Yo sé que en la integridad de tu corazón has hecho esto. Y además, Yo te guardé de pecar contra mí, por eso no te dejé que la tocaras.

7 Ahora pues, devuelve la mujer al marido, porque él es profeta y orará por ti, y vivirás. Pero si no *la* devuelves, sabe que de cierto morirás, tú y todos los tuyos".

8 Abimelec se levantó muy de mañana, llamó a todos sus siervos y relató todas estas cosas a oídos de ellos; y los hombres se atemorizaron en gran manera.

9 Entonces Abimelec llamó a Abraham, y le dijo: "¿Qué nos has hecho? ¿Y *en* qué he pecado contra ti, para que hayas traído sobre mí y sobre mi reino un pecado tan grande? Me has hecho cosas que no se deben hacer".

10 Abimelec añadió a Abraham: "¿Qué has hallado para que hayas hecho esto?".

11 Y Abraham respondió: "Porque *me* dije: Sin duda no hay temor de Dios en este lugar, y me matarán por causa de mi mujer.

12 Además, en realidad es mi hermana, hija de mi padre, pero no hija de mi madre. Ella vino a ser mi mujer.

13 Cuando Dios me hizo salir errante de la casa de mi padre, yo le dije a ella: 'Este es el favor que me harás: a cualquier lugar que vayamos, dirás de mí: 'Es mi hermano'".

14 Entonces Abimelec tomó ovejas y vacas, siervos y siervas, y se los dio a Abraham, y le devolvió a Sara su mujer.

Abraham Celebra

Registro de Observaciones

15 Y le dijo Abimelec: "Mi tierra está delante de ti. Habita donde quieras".
16 A Sara le dijo: "Mira, he dado a tu hermano 1,000 monedas de plata. Esta es tu vindicación delante de todos los que están contigo, y ante todos quedas vindicada".
17 Abraham oró a Dios, y Dios sanó a Abimelec, a su mujer y a sus siervas, y tuvieron hijos.
18 Porque el Señor había cerrado completamente toda matriz en la casa de Abimelec por causa de Sara, mujer de Abraham.

(Página 111)

Ahora interroguemos con las seis preguntas básicas.

Génesis 20:1 Mira el viaje de Abraham. ¿DÓNDE se detuvo por un tiempo?

En Gerar

Echa un vistazo a tu mapa. Revisa dónde se detuvo Abraham y encierra el lugar con verde.

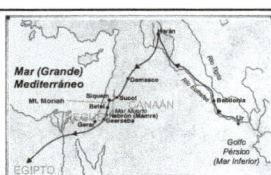

Génesis 20:2 ¿QUÉ le dice Abraham a Abimelec, el rey de Gerar, respecto a Sara?

Ella es mi hermana.

Génesis 20:2 ¿QUÉ hace Abimelec?

Tomó a Sara.

Génesis 20:3 ¿QUÉ hizo Dios?

Vino a Abimelec en un sueño.

Génesis 20:3 ¿QUÉ le dijo Dios a Abimelec?

"Tú eres **hombre muerto** por razón de la mujer que has tomado, pues está **casada** ".

Guía de Instrucciones

Génesis 20:1 ¿DÓNDE se detuvo Abraham por un tiempo? En Gerar

Encierra a Gerar en el mapa usando un color verde.

Génesis 20:2 ¿QUÉ le dice Abraham a Abimelec, el rey de Gerar, respecto a Sara? Ella es mi hermana.

Génesis 20:2 ¿QUÉ hace Abimelec? Tomó a Sara.

Génesis 20:3 ¿QUÉ hizo Dios? Vino a Abimelec en un sueño.

Génesis 20:3 ¿QUÉ le dijo Dios a Abimelec? "Tú eres hombre muerto por razón de la mujer que has tomado, pues está casada".

Guía de Instrucciones

Génesis 20:4-5 ¿Sabía Abimelec que había hecho lo malo cuando tomó a Sara? No, no se había acercado a ella.

Génesis 20:6 ¿QUÉ respondió Dios? "Yo sé que en la integridad de tu corazón has hecho esto. Y además, Yo te guardé de pecar contra mí, por eso no te dejé que la tocaras".

Génesis 20:7 ¿QUÉ le dijo Dios a Abimelec que hiciera? Devuelve la mujer al marido.

Génesis 20:7 ¿QUÉ dijo Dios que Abraham haría por Abimelec? "Él orará por ti".

Génesis 20:9-10 ¿QUÉ le preguntó Abimelec a Abraham? ¿Qué nos has hecho?

Génesis 20:11 ¿CUÁL fue la respuesta de Abraham? Pensé que no había temor de Dios en este lugar y que me matarían por causa de mi mujer.

Génesis 20:14 ¿QUÉ le dio Abimelec a Abraham? Ovejas, vacas, siervos y siervas y a su esposa Sara de vuelta.

Guía de Instrucciones

Génesis 20:15 ¿QUÉ le dijo Abimelec a Abraham que hiciera? <u>Habita donde quieras.</u>

Génesis 20:16 ¿QUÉ le dio Abimelec a Abraham como vindicación por Sara? <u>Mil monedas de plata y la vindicación del nombre de Sara.</u>

Génesis 20:17 ¿QUÉ hizo Abraham? <u>Él oró a Dios.</u>

Génesis 20:17 ¿QUÉ hizo Dios? <u>Él sanó a Abimelec, su esposa y sus siervas.</u>

(80) Lee el texto en la página 113.

Guía de Instrucciones

81 Ve a la página 114 y descifra los versos de Romanos 4.

Sin embargo, respecto a la promesa de Dios, Abraham no titubeó con incredulidad, sino que se fortaleció en fe, dando gloria a Dios, estando plenamente convencido de que lo que Dios había prometido, poderoso era también para cumplirlo.
—Romanos 4:20-21

Practica este verso tres veces seguidas, tres veces al día.

¡Buen trabajo! Dios ha estado contigo personalmente en este estudio.

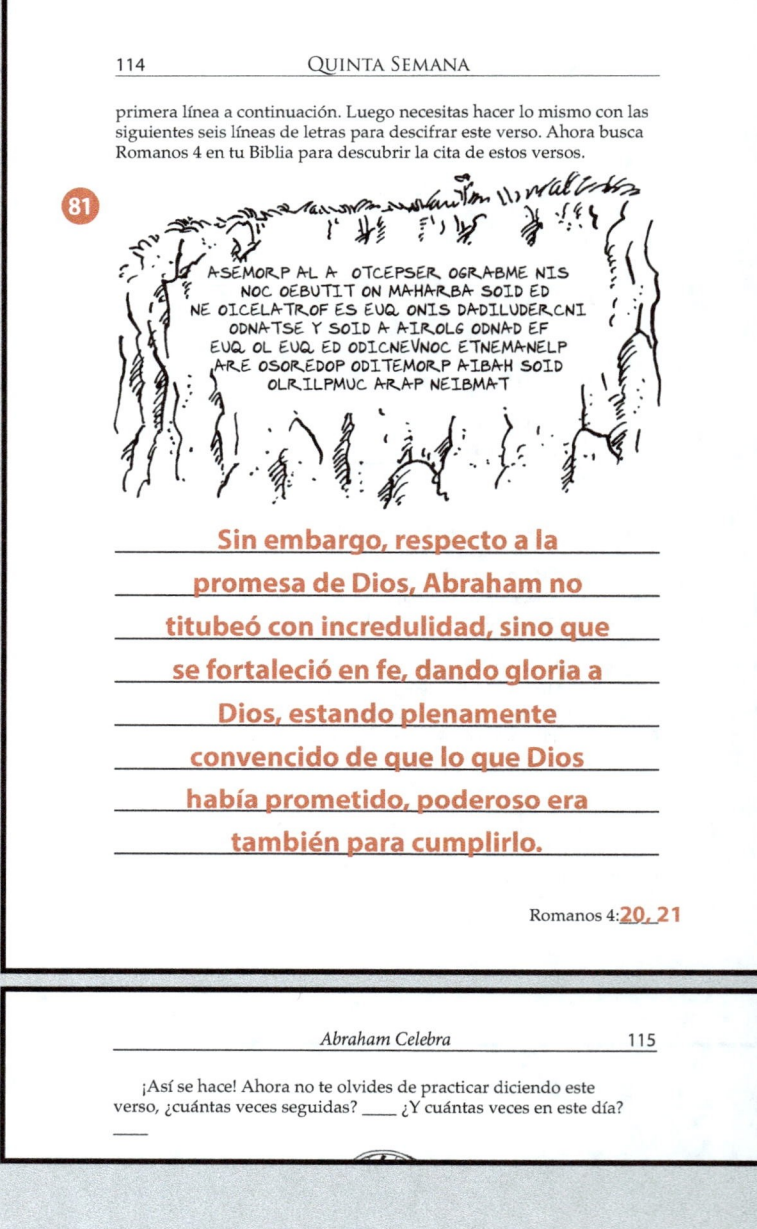

Abraham Celebra

(Página 115)

UNA CELEBRACIÓN ESPECIAL

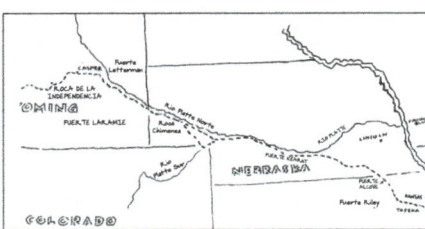

"No puedo creer que hoy es el 4 de Julio, el Día de la Independencia", dijo Max mientras estaban en el camino. "¿Crees que podamos disparar algunos fuegos artificiales esta noche?"

"Absolutamente", respondió el papá de Max. "Estamos planeando hacer un picnic y toda una celebración, así como los pioneros lo hicieron cuando llegaban a la Roca de la Independencia. Los pioneros siempre acampaban y celebraban en la Roca de la Independencia, incluso si no era el 4 de Julio, porque ellos sabían que estaban a la mitad del camino para llegar a Oregón cuando llegaban aquí. Además ellos escalaban hasta la cima de la Roca de la Independencia y grababan sus nombres por todas partes, así como en el Peñasco del Registro".

"¿Ya estamos cerca, tío Lucas?" preguntó Silvia.

"Sí", él respondió. "¿Sabes a qué se parece la Roca de la Independencia?"

"Se parece a una especie de tortuga gigante o una ballena", respondió Silvia a su tío.

116 QUINTA SEMANA

"Eso es correcto. Así que mantengan sus ojos bien abiertos. Veamos quién la ubica primero".

"Eso es fácil", dijo la mamá de Silvia riendo. "Entre toda esta tierra desértica, una gigantesca roca con forma de tortuga, en medio de la nada, no debería ser difícil de encontrar".

Ahora mientras estamos atentos para ubicar a la Roca de la Independencia, necesitamos regresar a Génesis 21. Parece que Abraham y Sara también están celebrando un evento especial. ¿QUÉ ha sucedido desde el encuentro de Abraham con el rey Abimelec? Vamos a descubrirlo. Lee Génesis 21:1-21 comenzando en la página 178 y marca las siguientes palabras clave:

Guía de Instrucciones

Pide a Dios que te dirija a medida que descubres Su Palabra. Él siempre está contigo.

82 Ve a la página 115 y lee "Una Celebración Especial".

146 ABRAHAM, EL VALIENTE EXPLORADOR DE DIOS - QUINTA SEMANA

Guía de Instrucciones

 Agrega las palabras clave nuevas en tu separador o tarjeta.

 Ve a la página 178 y lee Génesis 21:1-21 en voz alta usando tu ayuda visual del Registro de Observaciones mientras los estudiantes siguen la lectura y mencionan cada palabra clave. Luego márquenlas juntos como lo indicamos en la página 14.

Dios (dibuja un triángulo morado y coloréalo de amarillo)

Abraham (coloréalo de azul)

Nación (coloréala de verde y subráyala de café)

Circuncidó (dibuja un cuchillo rojo)

DÓNDE (subraya con doble línea de color verde las palabras que denoten lugares)

CUÁNDO (dibuja un reloj verde sobre las palabras que denoten tiempo)

(Página 116)

Dios (dibuja un triángulo morado y coloréalo de amarillo)

Abraham (coloréalo de azul)

Nación (coloréala de verde y subráyala con café)

Circuncidó (dibuja un cuchillo rojo)

No olvides marcar cualquier cosa que te indique DÓNDE ocurre algo, subrayando el lugar con doble línea de color verde. Y no olvides marcar cualquier cosa que te indique cuándo ocurrió algo, dibujando un reloj verde como este: 🕒

¡Buen trabajo! Mañana continuaremos siguiendo el mapa de Dios al examinar Génesis 21 más detenidamente.

(Página 179)

Capítulo 21

1 Entonces el SEÑOR prestó atención a Sara como había dicho, e hizo el SEÑOR por Sara como había prometido.
2 Sara concibió y dio a luz un hijo a Abraham en su vejez, en el tiempo señalado que Dios le había dicho.
3 Abraham le puso el nombre de Isaac al hijo que le nació, que le dio Sara.
4 A los ocho días Abraham circuncidó a su hijo Isaac, como Dios le había mandado.
5 Abraham *tenía* cien años cuando le nació su hijo Isaac.
6 Sara dijo: "Dios me ha hecho reír; cualquiera que lo oiga se reirá conmigo".
7 Y añadió: "¿Quién le hubiera dicho a Abraham que Sara amamantaría hijos? Pues bien, le he dado un hijo en su vejez".
8 El niño creció y fue destetado, y Abraham hizo un gran banquete el día que Isaac fue destetado.
9 Pero Sara vio al hijo que Agar la egipcia le había dado a Abraham burlándose de su hijo Isaac.

180 REGISTRO DE OBSERVACIONES

10 Por eso le dijo a Abraham: "Echa fuera a esta sierva y a su hijo, porque el hijo de esta sierva no ha de ser heredero junto con mi hijo Isaac".
11 El asunto angustió a Abraham en gran manera por tratarse de su hijo.
12 Pero Dios dijo a Abraham: "No te angusties por el muchacho ni por tu sierva. Presta atención a todo lo que Sara te diga, porque por Isaac será llamada tu descendencia.
13 También del hijo de la sierva haré una nación, por ser tu descendiente".
14 Se levantó, pues, Abraham muy de mañana, tomó pan y un odre de agua y *los* dio a Agar poniéndose*los* sobre el hombro, y *le dio* el muchacho y la despidió. Y ella se fue y anduvo errante por el desierto de Beerseba.

Guía de Instrucciones

(Página 180)

REGISTRO DE OBSERVACIONES 181

20 Dios estaba con el muchacho, que creció y habitó en el desierto y se hizo arquero.
21 Y habitó en el desierto de Parán, y su madre tomó para él una mujer de la tierra de Egipto.

Guía de Instrucciones

Ayer leíste Génesis 21:1-21 y te preparaste para ubicar información específica sobre Abraham, Sara y Agar.

Hoy profundizarás más para dar mayor contenido al mensaje y responder preguntas.

Pide a Dios que dirija tus ojos y oídos en este estudio para que puedas averiguar este mensaje importante.

85 Ve a la página 116 y lee "La Gran Fiesta de Abraham".

86 Ve a la página 178 y lee los siguientes versos para responder las preguntas.

(Página 116)

LA GRAN FIESTA DE ABRAHAM

"¡Vaya! ¡Miren la Roca de la Independencia! ¡Es espectacular! ¿Podemos llevar el picnic y comer en la cima de la roca como lo hicieron algunos pioneros?" preguntó Silvia.

Abraham Celebra   117

"Esa es una idea muy divertida", respondió Lucy, la tía de Silvia. "Claro, si es que tu mamá y yo podemos llegar a la cima con toda la comida intacta".

"Nosotros ayudaremos", dijo Max ofreciéndose y Chispa ladró en aprobación.

"Entonces comencemos", dijo el papá de Max, al comenzar a bajar la comida del carro.

De repente apareció un destello blanco, café y negro. Max se quedó sorprendido hasta que se dio cuenta lo que había ocurrido. Luego salió corriendo, gritando: "¡Chispa, regresa acá!"

Ahora, mientras Max trata de atrapar a Chispa para que puedan hacer su picnic en la cima de la roca, regresemos a Génesis 21 en la página 178 e interroguemos el texto con las seis preguntas básicas.

Guía de Instrucciones

Capítulo 21

1 Entonces el SEÑOR prestó atención a Sara como había dicho, e hizo el SEÑOR por Sara como había prometido.
2 Sara concibió y dio a luz un hijo a Abraham en su vejez, en el tiempo señalado que Dios le había dicho.
3 Abraham le puso el nombre de Isaac al hijo que le nació, que le dio Sara.
4 A los ocho días Abraham circuncidó a su hijo Isaac, como Dios le había mandado.
5 Abraham *tenía* cien años cuando le nació su hijo Isaac.
6 Sara dijo: "Dios me ha hecho reír; cualquiera que lo oiga se reirá conmigo".
7 Y añadió: "¿Quién le hubiera dicho a Abraham que Sara amamantaría hijos? Pues bien, le he dado un hijo en su vejez".
8 El niño creció y fue destetado, y Abraham hizo un gran banquete el día que Isaac fue destetado.
9 Pero Sara vio al hijo que Agar la egipcia le había dado a Abraham burlándose de su hijo Isaac.

---

180 REGISTRO DE OBSERVACIONES

10 Por eso le dijo a Abraham: "Echa fuera a esta sierva y a su hijo, porque el hijo de esta sierva no ha de ser heredero junto con mi hijo Isaac".
11 El asunto angustió a Abraham en gran manera por tratarse de su hijo.
12 Pero Dios dijo a Abraham: "No te angusties por el muchacho ni por tu sierva. Presta atención a todo lo que Sara te diga, porque por Isaac será llamada tu descendencia.
13 También del hijo de la sierva haré una nación, por ser tu descendiente".
14 Se levantó, pues, Abraham muy de mañana, tomó pan y un odre de agua y *los* dio a Agar poniéndose*los* sobre el hombro, y *le dio* el muchacho y la despidió. Y ella se fue y anduvo errante por el desierto de Beerseba.
15 Cuando el agua del odre se acabó, ella dejó al muchacho debajo de uno de los arbustos.
16 Entonces ella fue y se sentó enfrente, como a un tiro de arco de distancia, porque dijo: "Que no vea yo morir al niño". Y se sentó enfrente y alzó su voz y lloró.
17 Dios oyó la voz del muchacho *que lloraba*; y el ángel de Dios llamó a Agar desde el cielo, y le dijo: "¿Qué tienes, Agar? No temas, porque Dios ha oído la voz del muchacho en donde está.
18 Levántate, alza al muchacho y sostenlo con tu mano, porque Yo haré de él una gran nación".
19 Entonces Dios abrió los ojos de ella, y vio un pozo de agua. Fue y llenó el odre de agua y dio de beber al muchacho.

Guía de Instrucciones

Génesis 21:1-3 ¿QUÉ sucedió finalmente para Abraham y Sara? Sara dio a luz un hijo a Abraham y Abraham lo llamó Isaac.

Ve a la página 13 y añade este hijo en el árbol familiar (Guía del Maestro página 206).

Génesis 21:4 ¿QUÉ hizo Abraham cuando Isaac tenía ocho días de nacido? Él circuncidó a su hijo como Dios le había mandado.

Génesis 21:5 ¿CUÁNTOS años tenía Abraham? 100 años

¿CUÁNTOS años tenía Sara? 90 años

Génesis 21:6 ¿QUÉ dijo Sara que Dios había hecho por ella? Reír.

REGISTRO DE OBSERVACIONES 181

20 Dios estaba con el muchacho, que creció y habitó en el desierto y se hizo arquero.
21 Y habitó en el desierto de Parán, y su madre tomó para él una mujer de la tierra de Egipto.

(Página 117)

Génesis 21:1-3 ¿QUÉ sucedió finalmente para Abraham y Sara?

Sara dio a luz un __hijo__ a Abraham y Abraham lo llamó __Isaac__.

Génesis 21:4 ¿QUÉ hizo Abraham cuando Isaac tenía ocho días de nacido?

Él __circuncidó__ a su hijo como __Dios__ le había mandado.

Génesis 21:5 ¿CUÁNTOS años tenía Abraham?

__100__ años

¿CUÁNTOS años tenía Sara? (Recuerda que ella tiene diez años menos que Abraham).

__90__ años

Génesis 21:6 ¿QUÉ dijo Sara que Dios había hecho por ella?

__Reír__

118 QUINTA SEMANA

Génesis 21:8 ¿QUÉ hizo Abraham para celebrar el día que Isaac fue destetado? Un gran **banquete**

Génesis 21:9 ¿QUÉ vio Sara a Ismael (el hijo de Agar) haciendo en el banquete? Él estaba **burlándose** de Isaac.

Génesis 21:10 ¿QUÉ le dijo Sara a Abraham que hiciera? "**Echa fuera** a esta sierva y a su hijo".

(Encierra estas dos palabras como una sola en la sopa de letras de la página 120).

¿POR QUÉ? Porque "el hijo de esta sierva no ha de ser **heredero** junto con mi hijo Isaac".

Génesis 21:11 ¿CÓMO se sintió Abraham sobre echar a Ismael? Él estaba **angustiado**.

Guía de Instrucciones

Génesis 21:8 ¿QUÉ hizo Abraham para celebrar el día que Isaac fue destetado? Un gran banquete

Génesis 21:9 ¿QUÉ vio Sara a Ismael (el hijo de Agar) haciendo en el banquete? Él estaba burlándose de Isaac.

Génesis 21:10 ¿QUÉ le dijo Sara a Abraham que hiciera? "Echa fuera a esta sierva y a su hijo".

¿POR QUÉ? Porque "el hijo de esta sierva no ha de ser heredero junto con mi hijo Isaac".

Génesis 21:11 ¿CÓMO se sintió Abraham sobre echar despedir a Ismael? Él estaba angustiado.

Guía de Instrucciones

Génesis 21:12-13 ¿QUÉ le dijo Dios a Abraham que hiciera? Presta atención a todo lo que Sara te diga, porque por Isaac será llamada tu descendencia.

Génesis 21:13 ¿QUÉ dijo Dios sobre el hijo de la sierva?
"También del hijo de la sierva haré una nación, por ser tu descendiente."

Génesis 21:14 ¿QUÉ hizo Abraham? Se levantó muy de mañana y tomó pan y un odre de agua y se los dio a Agar y le dio al muchacho y los despidió.

Génesis 21:14 ¿Por DÓNDE anduvo errante Agar? En el desierto de Beerseba

Génesis 21:16 ¿QUÉ hizo Agar? Alzó su voz y lloró.

Génesis 21:17 ¿QUIÉN oyó al muchacho (Ismael) llorar? Dios

Génesis 21:17 ¿QUÉ le dijo el ángel a Agar?
"No temas, porque Dios ha oído la voz del muchacho en donde está".

Guía de Instrucciones

Génesis 21:18-19 ¿QUÉ vio Agar cuando Dios abrió sus ojos? Un pozo de <u>agua</u>.

Génesis 21:20-21 ¿QUÉ ocurrió con Ismael? Dios estaba con él, que <u>creció</u> y habitó en el desierto y se hizo <u>arquero</u>. Su madre tomó para él una <u>mujer</u> de la tierra de <u>Egipto</u>.

 En la sopa de letras de la página 120, encuentra y encierra las palabras de cada espacio en blanco; encierra la frase "echa fuera" como una sola palabra en la sopa de letras.

Lee el texto en la página 120 y el inicio de la página 121.

Guía de Instrucciones

Abraham Celebra

(112)

¡Vaya! ¡Finalmente, después de todos esos años, Abraham y Sara han recibido su hijo! Dios ha cumplido Su promesa de pacto en Su tiempo y a Su manera.

¿Alguna vez has tenido que esperar a Dios para que responda tu oración? Después que Dios respondió, ¿viste cómo Su tiempo y Su manera fueron mucho mejores que lo que pudiste haber imaginado? Recuerda, los caminos de Dios son siempre mejores, ¡incluso si es una larga y dura espera!

Ahora ¿estás listo para disparar unos fuegos artificiales con Max, Silvia y Chispa? Ilumina la magnífica creación de Dios mientras practicas tu verso de memoria.

Guía de Instrucciones

Pide a Dios que te ayude a permanecer enfocado en Su Palabra. Él te guiará a un claro entendimiento.

88 Ve a las páginas 121-122 y lee "La Fe de Abraham". Agrega las palabras clave nuevas al separador o tarjeta.

Dios (dibuja un triángulo morado y coloréalo de amarillo)

Jesús (dibuja una cruz morada y coloréala de amarillo)

Abraham (coloréalo de azul)

Sara (coloréala de rosado)

Fe (creer) (dibuja un libro morado y coloréalo de verde)

Contada (coloréalo de naranja)

Promesa (enciérralo en un círculo rojo)

Gracia (dibuja un cuadro amarillo y píntalo de azul)

Ley (dibuja tablas negras)

CUÁNDO (dibuja un reloj verde sobre las palabras que denoten tiempo)

Guía de Instrucciones

(89) Lee Hebreos 11:11-12, luego responde las preguntas.

Abraham

Hebreos 11:12 Él estaba como <u>muerto</u> cuando tuvo a Isaac.

Su descendencia fue como las <u>estrellas</u> del cielo en número e innumerable como la <u>arena</u> que está a la orilla del mar.

(Página 194)

> **89**
> y constructor es Dios.
>
> 11 También por la fe Sara misma recibió fuerza para concebir, aun pasada ya la edad propicia, pues consideró fiel a Aquel que lo había prometido.
>
> 12 Por lo cual también nació de uno, y *éste* casi muerto con respecto a esto, *una descendencia* COMO LAS ESTRELLAS DEL CIELO EN NÚMERO, E INNUMERABLE COMO LA ARENA QUE ESTÁ A LA ORILLA DEL MAR.

(Página 122)

> ¡Muy bien! Ahora, hagamos una lista a continuación de lo que hemos aprendido tanto de Hebreos como de Romanos acerca de Abraham, Sara, Dios y Jesucristo.
>
> *Abraham*
>
> Hebreos 11:12 Él estaba como **muerto** cuando tuvo a Isaac. (Eso significa que su cuerpo había pasado su etapa para tener hijos).
>
> Su descendencia fue como las **estrellas** del cielo en número e innumerable como la **arena** que está a la orilla del mar.

Abraham Celebra

(Página 197)

90

13 Porque la promesa a Abraham o a su descendencia de que él sería heredero del mundo, no fue hecha por medio de la ley, sino por medio de la justicia de la fe.

14 Porque si los que son de la ley son herederos, vana resulta la fe y anulada la promesa.

15 Porque la ley produce ira, pero donde no hay ley, tampoco hay transgresión.

16 Por eso *es* por fe, para que *esté* de acuerdo con la gracia, a fin de que la promesa sea firme para toda la posteridad, no solo a los que son de la ley, sino también a los que son de la fe de Abraham, quien es padre de todos nosotros.

---

198 REGISTRO DE OBSERVACIONES

17 Como está escrito: "Te he hecho padre de muchas naciones", delante de Aquel en quien creyó, *es decir* Dios, que da vida a los muertos y llama a las cosas que no son, como si fueran.

18 Abraham creyó en esperanza contra esperanza, a fin de llegar a ser padre de muchas naciones, conforme a lo que se le había dicho: "Así será tu descendencia".

19 Y sin debilitarse en la fe contempló su propio cuerpo, que ya estaba como muerto puesto que tenía como cien años, y también la esterilidad de la matriz de Sara.

20 Sin embargo, respecto a la promesa de Dios, *Abraham* no titubeó con incredulidad, sino que se fortaleció en fe, dando gloria a Dios,

21 estando plenamente convencido de que lo que *Dios* había prometido, poderoso era también para cumplirlo.

22 Por lo cual también su *fe* le fue contada por justicia.

23 Y no solo por él fue escrito que le fue contada,

24 sino también por nosotros, a quienes será contada, *como* los que creen en Aquel que levantó de los muertos a Jesús nuestro Señor,

25 que fue entregado por causa de nuestras transgresiones y resucitado para nuestra justificación.

Guía de Instrucciones

90 Ve a la página 197 y lee Romanos 4:13-25 en voz alta usando tu ayuda visual del Registro de Observaciones mientras los estudiantes siguen la lectura y mencionan cada palabra clave en la misma. Luego márquenlas juntos como lo indicamos en la página 14.

Guía de Instrucciones

91 Regresa a la página 123 y lee nuevamente los siguientes versos para responder las preguntas.

Romanos 4:13 La <u>promesa</u> a Abraham no fue hecha por medio de la <u>Ley</u>, sino por medio de la justicia de la <u>fe</u>.

Romanos 4:16 Por eso es por <u>fe</u>, para que esté de acuerdo con la g <u>r a c i a</u>, a fin de que la <u>promesa</u> sea firme para toda la posteridad, no sólo a los que son de la Ley, sino también a los que son de la <u>fe</u> de Abraham, quien es <u>padre</u> de todos nosotros.

Romanos 4:17-18 Él <u>creyó</u> en esperanza contra esperanza.

Romanos 4:19 Y sin <u>debilitarse</u> en la fe contempló su propio cuerpo, que ya estaba como muerto puesto que tenía como <u>100</u> años.

Romanos 4:20 No titubeó con <u>incredulidad</u>, sino que se <u>fortaleció</u> en fe, dando <u>gloria</u> a Dios.

Romanos 4:22 Su fe le fue contada por <u>justicia</u>.

Sara

Hebreos 11:11 Por la <u>fe</u> Sara misma recibió fuerza para <u>concebir</u>, aun pasada ya la <u>edad propicia</u>, pues consideró <u>fiel</u> a Aquél que lo había <u>prometido</u>.

Guía de Instrucciones

Romanos 4:19 Su matriz estaba e <u>s t é r i</u> l.

Dios

Hebreos 11:11 Dios es <u>f i e</u> l.
Dios <u>p r o m e t i</u> ó.

Romanos 4:17 Dios hizo a Abraham el padre de <u>muchas naciones</u>.

Dios da <u>vida</u> a los muertos y llama las cosas que <u>no son</u>, como si <u>fueran</u>.

Romanos 4:21 Dios es poderoso para <u>c u m p l i r</u> lo que ha prometido.

Romanos 4:24 Dios levantó de los <u>muertos</u> a <u>Jesús</u> nuestro Señor.

Jesucristo

Romanos 4:24 Jesús fue <u>l e v a n t a d o</u> de los <u>muertos</u>.

Romanos 4:25 Jesús fue <u>entregado</u> por causa de nuestras <u>transgresiones</u> y resucitado para nuestra <u>justificación</u>.

 Lee el texto en las páginas 124-125.

Discute sobre Jesús rescatándonos de nuestro pecado. ¡Qué extraordinario!

Dale gracias a Dios por tener el privilegio de conocerlo a través de Su Palabra.

Guía de Instrucciones

Prepárate para un emocionante estudio.

Pide a Dios que te dé un claro entendimiento al profundizar más y más en Su Palabra.

93 Ve a la página 125 y lee "Cortando un Pacto". Agrega las palabras clave nuevas a tu separador o tarjeta.

94 Ve a la página 180. Lee Génesis 21:22-34 en voz alta usando tu ayuda visual de Registro de Observaciones mientras los estudiantes siguen la lectura y mencionan cada palabra clave. Luego márquenlas junto como lo señalamos en la página 14.

Dios (dibuja un triángulo morado y coloréalo de amarillo)

Abraham (coloréalo de azul)

Pacto (dibuja un cuadro amarillo y coloréalo de rojo)

DÓNDE (subraya con doble línea de color verde las palabras que denoten lugares)

CUÁNDO (dibuja un reloj verde sobre las palabras que denoten tiempo)

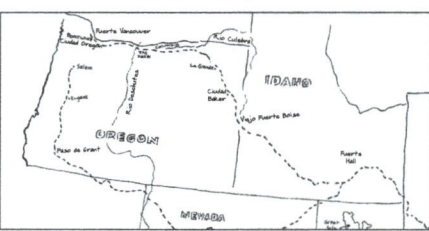

"Oigan, chicos", dijo el papá de Silvia cuando la camioneta se detuvo en Hooper Spring en Soda Springs, Idaho. "¡Hemos llegado! ¿Están listos para probar las burbujeantes aguas minerales?"

"¡Sí! ¡Llegaré antes que tú, Silvia!" dijo Max mientras salió de la camioneta de un brinco y empezó a correr al manantial. "Esto es estupendo. Mira todas esas burbujas."

"Ten, Max", dijo la mamá de Max al pasarle su copa de hierro esmaltado. "Sumerge tu copa en el agua y pruébala".

"¡Ugh!" dijo Max al tomar un sorbo e hizo una mueca. "¡Esta cosa es terrible! ¿A los pioneros realmente les gustaba beber esto?"

"Déjame probar", dijo Silvia, tomando un cauteloso sorbo de la copa de Max. "Oooh, eso realmente sabe muy raro. ¿Qué hay en esta agua?"

"Veamos, silicio, hierro, calcio, magnesio y bicarbonatos", dijo su mamá riéndose. "Muchas cosas buenas".

"No lo creo", dijo Max. "Oigan, veamos si Chispa la prueba. Él prueba lo que sea". Max sostuvo a Chispa mientras Silvia intentó darle de beber el agua de la copa. Chispa simplemente la olfateó y la rechazó. "Vamos, Chispa", dijo Max riéndose, "te gustará. Sé que te gustará".

Todos se rieron cuando Chispa saltó fuera de los brazos de Max y empezó a olfatear los alrededores del manantial. "Creo que finalmente hemos encontrado algo que ni siquiera Chispa probaría", dijo el papá de Max.

Mientras nos tomamos un descanso en el manantial, saquemos el mapa de Dios y terminemos de leer y marcar las palabras clave de Génesis 21.

¿Has orado, valiente explorador? Entonces ve a las páginas 180-181. Lee Génesis 21:22-34 y marca las siguientes palabras clave:

Guía de Instrucciones

(Página 126)

181. Lee Genesis 21:22-34 y marca las siguientes palabras clave.

   Dios (dibuja un triángulo morado y coloréalo de amarillo)

   Abraham (coloréalo de azul)

   Pacto (dibuja un cuadro amarillo y coloréalo de rojo)

   No olvides marcar cualquier cosa que te indique DÓNDE ocurre algo, subrayando el lugar con doble línea de color verde. Y no olvides marcar cualquier cosa que te indique cuándo ocurrió algo dibujando un reloj verde como este:

(Página 181)

22 Aconteció por aquel tiempo que Abimelec, con Ficol, jefe de su ejército, habló a Abraham: "Dios está contigo en todo lo que haces.
23 Ahora pues, júrame aquí por Dios que no obrarás falsamente conmigo, ni con mi descendencia, ni con mi posteridad, sino que conforme a la bondad que te he mostrado, así me mostrarás a mí y a la tierra en la cual has residido".
24 "Yo lo juro", le dijo Abraham.
25 Pero Abraham se quejó a Abimelec a causa de un pozo de agua del cual los siervos de Abimelec se habían apoderado.
26 Y Abimelec dijo: "No sé quién haya hecho esto, ni tú me lo habías hecho saber, ni yo lo había oído hasta hoy".
27 Abraham tomó ovejas y vacas y se los dio a Abimelec, y los dos hicieron un pacto.
28 Entonces Abraham puso aparte siete corderas del rebaño.
29 Abimelec dijo a Abraham: "¿Qué significan estas siete corderas que has puesto aparte?".
30 Y Abraham respondió: "Tomarás estas siete corderas de mi mano para que esto me sirva de testimonio de que yo cavé este pozo".
31 Por lo cual llamó aquel lugar Beerseba (Pozo del Juramento), porque allí juraron los dos.
32 Hicieron, pues, un pacto en Beerseba. Se levantó Abimelec con Ficol, jefe de su ejército, y regresaron a la tierra de los filisteos.

REGISTRO DE OBSERVACIONES

33 Abraham plantó un tamarisco en Beerseba, y allí invocó el nombre del SEÑOR, el Dios eterno.
34 Y peregrinó Abraham en la tierra de los filisteos por muchos días.

Guía de Instrucciones

Lee los siguientes versos para responder las preguntas en las páginas 126-128.

Génesis 21:22 ¿QUIÉN habló a Abraham?
Abimelec y Ficol, el jefe de su ejército.

Génesis 21:22 ¿QUÉ le dicen a Abraham? "Dios está contigo en todo lo que haces".

Discute sobre esta asombrosa promesa.

Génesis 21:23 ¿QUÉ quería Abimelec?
Que Abraham jurara por Dios que él no obraría falsamente con él o con su descendencia, o con su posteridad, sino que le mostraría la misma bondad que él le había mostrado a Abraham en la tierra en que había residido.

Génesis 21:24 ¿QUÉ dice Abraham? Yo lo juro.

Génesis 21:25 ¿CUÁL es la queja de Abraham?
Los siervos de Abimelec se habían apoderado de un pozo de agua.

Génesis 21:26 ¿Sabía Abimelec de este problema? No

Génesis 21:27 ¿QUÉ le dio Abraham a Abimelec? Ovejas y vacas

Génesis 21:27 ¿QUÉ hacen ellos? Un pacto

Génesis 21:28 ¿QUÉ hace Abraham? Puso aparte siete corderas del rebaño.

(Página 126)

Génesis 21:22 ¿QUIÉN habló a Abraham?

Abimelec y **Ficol**, el jefe de su ejército.

Génesis 21:22 ¿QUÉ le dicen a Abraham?

" **Dios** está contigo en **todo** lo que haces".

¿No es ese un asombroso testimonio?

Abraham Celebra 127

Génesis 21:23 ¿QUÉ quería Abimelec?

Que Abraham **jurara** por Dios que él no obraría **falsamente** con él, o con su **descendencia** o con su **posteridad**, sino que le mostraría la misma **bondad** que él le había mostrado a Abraham en la tierra en que había residido.

Génesis 21:24 ¿QUÉ dice Abraham?

Yo lo juro.

Génesis 21:25 ¿CUÁL es la queja de Abraham?

Los siervos de Abimelec se habían apoderado de un pozo de agua.

Génesis 21:26 ¿Sabía Abimelec de este problema?

No

Génesis 21:27 ¿QUÉ le dio Abraham a Abimelec?

Ovejas y vacas

Génesis 21:27 ¿QUÉ hacen ellos?

Un pacto

Génesis 21:28 ¿QUÉ hace Abraham?

Puso aparte siete corderas del rebaño.

128　QUINTA SEMANA

Génesis 21:30 ¿QUÉ significaba esto?

Las corderas servirían de testimonio para Abimelec de que Abraham cavó el pozo.

Génesis 21:31 ¿POR QUÉ se llama este lugar Beerseba?

Porque Abimelec y Abraham juraron allí.

Génesis 21:32 ¿QUÉ sucedió después que hicieron el pacto?

Abimelec y Ficol el comandante regresaron a tierra de los filisteos.

Génesis 21:33 ¿QUÉ hizo Abraham?

Él **plantó** un **tamarisco** en Beerseba y allí invocó el **nombre** del **Señor**, el Dios **Eterno**.

Génesis 21:34 ¿CUÁNTO tiempo se quedó Abraham en la tierra de los filisteos?

Muchos días

¿Notaste que después que Abraham cortó un pacto con Abimelec, él planta un tamarisco e invoca el nombre del Señor? Este es el primer uso del nombre *El Olam*, mostrando a Dios como el Dios Eterno. ¿No es asombroso ver cómo Abraham continúa descubriendo el carácter y los caminos de Dios?

¿Por qué no pasas unos minutos pensando sobre lo que has visto acerca de Dios?

Ahora al tomar asiento junto al géiser y mientras esperamos que haga erupción, ¡dile tu verso para memorizar en voz alta a un adulto! ¡Estamos muy orgullosos de ti!

Guía de Instrucciones

Génesis 21:30 ¿QUÉ significaba esto? Las corderas servirían de testimonio para Abimelec de que Abraham cavó el pozo.

Génesis 21:31 ¿POR QUÉ se llama este lugar Beerseba? Porque Abimelec y Abraham juraron allí.

Génesis 21:32 ¿QUÉ sucedió después que hicieron el pacto? Abimelec y Ficol el comandante regresaron a tierra de los filisteos.

Génesis 21:33 ¿QUÉ hizo Abraham? Él plantó un tamarisco en Beerseba y allí invocó el nombre del Señor, el Dios Eterno.

Génesis 21:34 ¿CUÁNTO tiempo se quedó Abraham en la tierra de los filisteos? Muchos días

Lee el resto del texto de la página 128 y discute acerca del nombre de Dios, El Olam.

¡Buen trabajo! Dios está complacido con tu diligencia para estudiar Su Palabra.

Si eres maestro en un aula puedes tomarles una lección del verso para memorizar a tus estudiantes. Además hay un examen de la Quinta Semana en la página 197 para evaluar la memorización y comprensión.

Este es un buen momento para repasar toda la semana con un juego.

Verso para memorizar

"Sin embargo, respecto a la promesa de Dios, Abraham no titubeó con incredulidad, sino que se fortaleció en fe, dando gloria a Dios, estando plenamente convencido de que lo que Dios había prometido, poderoso era también para cumplirlo".
Romanos 4:20-21

Guía de Instrucciones

SEXTA SEMANA

Incluso Abraham, el explorador de Dios, enfrentó pruebas. Querrás estar listo cuando Dios pruebe tu fe.

Comienza por invitar a Dios a tu estudio en este día. Pídele que te mantenga enfocado en Su Palabra y te infunda una poderosa fe cuando seas probado.

(95) Ve a la página 129 y lee "Génesis 22-25:18" y "Dios prueba a Abraham".

6

LA PRUEBA DE LA FE DE ABRAHAM

GÉNESIS 22-25:18

Al viajar por el país siguiendo a los pioneros en la Ruta de Oregón, hemos visto muchas dificultades y pruebas que ellos tuvieron en el camino.

Al continuar siguiendo a Abraham en su viaje de fe en esta semana, lo veremos enfrentar la más grande dificultad en su vida cuando Dios decide probar la fe de Su valiente explorador. ¿Realmente teme Abraham a Dios? ¿Confiará en Él y obedecerá?

DIOS PRUEBA A ABRAHAM

"Miren", dijo Max, al ver el enorme parque acuático con un trampolín de tres metros de altura para hacer clavados. "Vayamos ahí. ¡Se ve increíble!"

La mamá de Max sonrió y dijo: "¿Adivina qué? Iremos, justo después de visitar las aguas termales".

"¿Qué son las aguas termales?" preguntó Silvia.

"Las aguas termales son piscinas de aguas cálidas que nacen de un volcán. Estas aguas están llenas de minerales, como el

129

La Prueba de la Fe de Abraham

SEXTA SEMANA

agua que probaste en Soda Springs. Pero el agua de estas fuentes es muy cálida. La temperatura oscila entre 38 y 40 grados centígrados. Es como una tina de agua caliente natural donde puedes usar tu traje de baño y bañarte en estas burbujeantes aguas minerales".

"Eso suena estupendo", respondió Silvia. "Pero Max tiene razón. Ese parque acuático se ve increíble. ¿Vieron todos esos toboganes?"

"Sí, los vimos", contestó la mamá de Silvia. "¿Vieron también a esos niños yendo río abajo en unos neumáticos? Después de bañarnos en las aguas termales, nos montaremos en unos neumáticos y flotaremos río abajo hacia el complejo de piscinas".

"¿En serio?" dijo Max prácticamente gritando. "¡Qué bien! Chispa, tendrás la aventura de tu vida".

La mamá de Max se rió. "No sé si pueda lidiar con Chispa flotando río abajo en un neumático, pero haré el intento. Iremos a las aguas termales justo después de nuestro picnic".

Ahora descubramos qué estaba pasando con Abraham después de hacer un pacto con Abimelec e invocar el nombre de Dios.

Muy bien, valiente explorador, ¿estás listo para continuar tu viaje? Entonces oremos y vayamos a la página 181. Lee Génesis 22 y marca las siguientes palabras clave:

96

Abraham (coloréalo de azul)

Probó (subráyalo de naranja)

Amor (dibuja un corazón rojo)

Proveer (enciérralo con azul y coloréalo de verde)

Adorar (enciérralo usando morado y coloréalo de azul)

Obedecido (enciérralo en naranja y coloréalo de amarillo)

Bendecir (dibuja una nube azul y coloréala de rosado)

Naciones (coloréala de verde y subráyala de café)

La Prueba de Fe de Abraham

No olvides marcar cualquier cosa que te indique <u>DÓNDE</u> ocurre algo, subrayando el lugar con doble línea de color verde. Y no olvides marcar cualquier cosa que te indique cuándo ocurrió algo, dibujando un reloj verde como este:

Guía de Instrucciones

96 Agrega las palabras clave nuevas a tu separador o tarjeta. Ve a la página 181 y lee todo Génesis 22 en voz alta mientras los estudiantes siguen la lectura y mencionan cada palabra clave al marcarlas juntos.

Abraham (coloréalo de azul)

Probó (subráyalo de naranja)

Amor (dibuja un corazón rojo)

Proveer (enciérralo con azul y coloréalo de verde)

Adorar (enciérralo usando morado y coloréalo de azul)

La Prueba de la Fe de Abraham

Obedecido (enciérralo en naranja y coloréalo de amarillo)

Bendecir (dibuja una nube azul y coloréala de rosado)

DÓNDE (subraya con doble línea de color verde las palabras que denoten lugares)

CUÁNDO (dibuja un reloj verde sobre las palabras que denoten tiempo)

Guía de Instrucciones

(Página 182)

Capítulo 22

1. Aconteció que después de estas cosas, Dios probó a Abraham, y le dijo: "¡Abraham!". Y él respondió: "Aquí estoy".
2. Y *Dios* dijo: "Toma ahora a tu hijo, tu único, a quien amas, a Isaac, y ve a la tierra de Moriah, y ofrécelo allí en holocausto sobre uno de los montes que Yo te diré".
3. Abraham se levantó muy de mañana, aparejó su asno y tomó con él a dos de sus criados y a su hijo Isaac. También partió leña para el holocausto, y se levantó y fue al lugar que Dios le había dicho.
4. Al tercer día alzó Abraham los ojos y vio el lugar de lejos.
5. Entonces Abraham dijo a sus criados: "Quédense aquí con el asno. Yo y el muchacho iremos hasta allá, adoraremos y volveremos a ustedes".
6. Tomó Abraham la leña del holocausto y la puso sobre Isaac su hijo, y tomó en su mano el fuego y el cuchillo. Y los dos iban juntos.
7. Isaac habló a su padre Abraham: "Padre mío". Y él respondió: "Aquí estoy, hijo mío". "Aquí están el fuego y la leña", dijo Isaac, "pero ¿dónde está el cordero para el holocausto?".
8. Y Abraham respondió: "Dios proveerá para Sí el cordero para el holocausto, hijo mío". Y los dos iban juntos.

REGISTRO DE OBSERVACIONES 183

9. Llegaron al lugar que Dios le había dicho y Abraham edificó allí el altar, arregló la leña, ató a su hijo Isaac y lo puso en el altar sobre la leña.
10. Entonces Abraham extendió su mano y tomó el cuchillo para sacrificar a su hijo.
11. Pero el ángel del SEÑOR lo llamó desde el cielo y dijo: "¡Abraham, Abraham!". Y él respondió: "Aquí estoy".
12. Y *el ángel* dijo: "No extiendas tu mano contra el muchacho, ni le hagas nada. Porque ahora sé que temes a Dios, ya que no me has rehusado tu hijo, tu único".
13. Entonces Abraham alzó los ojos y miró, y *vio* un carnero detrás *de él* trabado por los cuernos en un matorral. Abraham fue, tomó el carnero y lo ofreció en holocausto en lugar de su hijo.
14. Y Abraham llamó aquel lugar con el nombre de El SEÑOR Proveerá, como se dice hasta hoy: "En el monte del SEÑOR se proveerá".
15. El ángel del SEÑOR llamó a Abraham por segunda vez desde el cielo,
16. y le dijo: "Por Mí mismo he jurado", declara el SEÑOR, "que por cuanto has hecho esto y no me has rehusado tu hijo, tu único,
17. de cierto te bendeciré grandemente, y multiplicaré en gran manera tu descendencia como las estrellas del cielo y como la arena en la orilla del mar, y tu descendencia poseerá la puerta de sus enemigos.

La Prueba de la Fe de Abraham

(Página 183)

18 En tu simiente serán bendecidas todas las naciones de la tierra, porque tú has obedecido Mi voz".
19 Entonces Abraham volvió a sus criados, y se levantaron y fueron juntos a Beerseba. Y habitó Abraham en Beerseba.

---

184   REGISTRO DE OBSERVACIONES

20 Después de estas cosas, le dieron noticia a Abraham, diciendo: "Milca también le ha dado hijos a tu hermano Nacor:
21 Uz su primogénito, Buz su hermano, y Kemuel, padre de Aram,
22 Quesed, Hazo, Pildas, Jidlaf y Betuel".
23 Y Betuel fue el padre de Rebeca. Estos ocho *hijos* dio a luz Milca a Nacor, hermano de Abraham.
24 También su concubina, de nombre Reúma, dio a luz a Teba, a Gaham, a Tahas y a Maaca.

(Página 131)

Ahora descubramos lo que ocurrió.

97 Génesis 22:1 ¿Qué hizo Dios después de estas cosas?

Dios **probó** a Abraham.

Génesis 22:1 ¿Cuál fue la respuesta de Abraham cuando Dios lo llamó?

"Aquí estoy".

Génesis 22:2 ¿Qué le dijo Dios a Abraham que hiciera?

"**Toma** ahora a tu **hijo**, tu **único**, a quien **amas**, a **Isaac**, y ve a la tierra de **Moriah**, y **ofrécelo** allí en **holocausto** sobre uno de los montes que Yo te diré."

Busca y lee Juan 3:16. ¿QUIÉN es el unigénito Hijo de Dios?

Jesús

Guía de Instrucciones

97 Regresa a la página 131 y lee nuevamente los siguientes versos para responder las preguntas en las páginas 131-134.

Génesis 22:1 ¿QUÉ hizo Dios después de estas cosas? Dios probó a Abraham.

Génesis 22:1 ¿CUÁL fue la respuesta de Abraham cuando Dios lo llamó? "Aquí estoy".

Génesis 22:2 ¿QUÉ le dijo Dios a Abraham que hiciera? "Toma ahora a tu hijo, tu único, a quien amas, a Isaac y ve a la tierra de Moriah y ofrécelo allí en holocausto sobre uno de los montes que Yo te diré."

Busca y lee Juan 3:16. ¿QUIÉN es el unigénito Hijo de Dios? Jesús

Guía de Instrucciones

Génesis 22:3 ¿CÓMO respondió Abraham? ¿Qué fue lo que hizo? <u>Él se levantó temprano, aparejó a su asno, tomó a dos de sus criados y a Isaac, partió leña y fue al lugar que Dios le dijo.</u>

Génesis 22:4 ¿CUÁNTOS días le tomó a Abraham llegar al lugar? <u>Tres días</u>

Génesis 22:5 ¿QUÉ les dijo Abraham a sus criados? "<u>Quédense</u> aquí con el asno. Yo y el <u>muchacho</u> iremos hasta allá, <u>adoraremos</u> y <u>volveremos</u> a ustedes".

Génesis 22:6 ¿QUÉ puso Abraham sobre Isaac? <u>La leña del holocausto.</u>

Juan 19:17. ¿QUÉ cargó Jesús? <u>Su propia cruz</u>

Génesis 22:6-7 ¿CUÁL fue la pregunta de Isaac a Abraham? "<u>¿Dónde está el cordero para el holocausto?"</u>

La Prueba de Fe de Abraham

Génesis 22:8 ¿CUÁL fue la respuesta de Abraham?

" **Dios** proveerá para sí el **cordero** para el holocausto, hijo mío."

Génesis 22:9-10 ¿QUÉ hizo Abraham?

Edificó un altar, arregló la leña, ató a Isaac, lo puso en el altar y tomó su cuchillo para sacrificarlo.

Génesis 22:11-12 ¿QUÉ le dijo el ángel del Señor a Abraham? "No **extiendas** tu **mano** contra el muchacho, ni le **hagas** nada. Porque ahora sé que **temes** a **Dios**, ya que no Me has **rehusado** tu **hijo**, tu **único**."

Génesis 22:13 ¿QUÉ vio Abraham?

Un carnero atrapado en un matorral

¿QUÉ hizo con este carnero?

Lo ofreció en holocausto en lugar de su hijo.

Guía de Instrucciones

Génesis 22:8 ¿CUÁL fue la respuesta de Abraham? "Dios proveerá para sí el cordero para el holocausto, hijo mío."

Génesis 22:9-10 ¿QUÉ hizo Abraham? Edificó un altar, arregló la leña, ató a Isaac, lo puso en el altar y tomó su cuchillo para sacrificarlo.

Génesis 22:11-12 ¿QUÉ le dijo el ángel del Señor a Abraham? "No extiendas tu mano contra el muchacho, ni le hagas nada. Porque ahora sé que temes a Dios, ya que no Me has rehusado tu hijo, tu único."

Génesis 22:13 ¿QUÉ vio Abraham? Un carnero atrapado en un matorral

¿QUÉ hizo con este carnero? Lo ofreció en holocausto en lugar de su hijo.

Guía de Instrucciones

BUSCA y lee Juan 3:16. ¿QUÉ entregó Dios como sacrificio por nuestros pecados? <u>Su Hijo unigénito</u>

BUSCA y lee Juan 1:29. ¿QUIÉN es Jesús? <u>El Cordero de Dios</u>

Génesis 22:14 ¿CÓMO llamó Abraham a ese lugar? <u>El Señor proveerá</u>

Génesis 22:15-17 ¿QUÉ le dijo el ángel del Señor a Abraham que el Señor haría porque Abraham no se rehusó a darle su único hijo?
"…de cierto te <u>bendeciré</u> grandemente y <u>multiplicaré</u> en gran manera tu <u>descendencia</u> como las <u>estrellas</u> del cielo y como la <u>arena</u> en la orilla del mar y tu <u>descendencia</u> poseerá la <u>puerta</u> de sus enemigos".

Génesis 22:18 ¿POR QUÉ serían bendecidas todas las naciones de la tierra? <u>Porque Abraham obedeció a Dios.</u>

Génesis 22:19 ¿DÓNDE vivía Abraham? <u>En Beerseba</u>

La Prueba de Fe de Abraham 135

¡Vaya! ¡Qué obediencia! ¡Qué increíble fe! Después de esperar 25 años a que Dios le diera este hijo de la promesa, Dios le dice a Abraham que sacrifique al único hijo que amaba.

¿Notaste cómo él obedeció inmediatamente? No hubo resistencia. Él no discutió. Él no preguntó por qué. Él solo se levantó el siguiente día y obedeció. Dios usa la palabra *amor* aquí por primera vez en la Biblia para mostrar a un padre ofreciendo a su único hijo.

¿Te recuerda esto a otro Padre que ofreció a Su único Hijo? ¿Notaste que el cuadro de Abraham ofreciendo a su único hijo es una figura de lo que Dios hizo por nosotros? Isaac era el único hijo de Abraham, el hijo de la promesa y Jesús era el unigénito Hijo de Dios. Isaac cargó su propia leña para el sacrificio, así como Jesús cargó la cruz en la cual fue crucificado. Dios proveyó un carnero para tomar el lugar de Isaac, mientras que Jesús fue el Cordero que fue sacrificado en nuestro lugar para pagar por nuestros pecados. ¿No es eso extraordinario?

Dios probó a Abraham. Pero ¿cómo lo llamó Abraham? Mira Génesis 22:5. ¿QUÉ dijo Abraham que él y el muchacho irían a hacer? Adorar. ¿Sabes qué es la adoración? La adoración significa reverenciar a Dios. Se trata de inclinarse delante de Dios porque reconoces que Él es Dios y que Él debe ser respetado. Se trata de reconocer el valor de Dios, honrar a Dios como Dios.

Abraham adoró a Dios. Él no retuvo nada. Simplemente confió y obedeció.

¿QUÉ hay de ti?

- ¿Demuestra la manera en que vives, que Dios está en el primer lugar de tu vida? ¿Hay algo que estés rehusando entregarle a Dios? ¿Has puesto algo más en el lugar que Dios merece?

Guía de Instrucciones

98 Lee el texto en la página 135. Discute cómo Abraham consideró que esta prueba se trataba de "adoración".

Responde "¿QUÉ hay de ti?" por tu cuenta.

Ve a la página 136 y usa las boyas para completar el verso para memorizar.

Guía de Instrucciones

"...y se c u m p l i ó la E s c r i t u r a que dice: 'Y A b r a h a m c r e y ó a Dios y le fue c o n t a d o por j u s t i c i a' y fue llamado a m i g o de Dios".
—Santiago 2:23

Copia el verso para memorizar en una tarjeta y practícalo en voz alta tres veces con un compañero.

La Prueba de Fe de Abraham   137

EL SALÓN DE LA FE DE DIOS

 "Ayer la pasamos genial, papá", dijo Max. "Gracias".

"De nada, hijo", respondió su papá con una sonrisa en su rostro.

"¿Por qué estás sonriendo?" preguntó Max.

"Oh, estaba recordando cuando Chispa empezó a dar vueltas en ese flotador después de que ese niñito se chocó contigo y ustedes dos se separaron".

Silvia empezó a reírse. "Sí, Chispa comenzó a ladrar y luego se metió al río tratando de nadar contra la corriente. Eso fue muy divertido".

"¿Podrías imaginar cómo hubiera estado Chispa en el Cruce de las Tres Islas con los pioneros?" preguntó Guillermo, el papá de Silvia.

"Probablemente se hubiera echado del vagón al río y hubiera alterado a los caballos", respondió Lucas. "Ese era un cruce bastante duro para los pioneros con todas esas fuertes corrientes".

"¿No es ahí donde vamos hoy, papá?" preguntó Max.

"Así es. De hecho, estaremos ahí para cuando ellos recreen el cruce que los pioneros hicieron".

"¡Genial!" exclamaron Silvia y Max. "¡No podemos esperar!"

Ahora, mientras te diriges al Cruce de las Tres Islas, nuestra última parada en Idaho, saquemos el mapa de Dios. Necesitamos examinar la referencia cruzada en Hebreos para descubrir qué tiene Dios que decir sobre Abraham en este gran "salón de la fe".

Ve a la página 193. Lee Hebreos 11:8-19 y marca las siguientes palabras clave:

    Dios (dibuja un triángulo morado y coloréalo de amarillo)

    Abraham (coloréalo de azul)

---

138   SEXTA SEMANA

    Sara (coloréala de rosado)

    Fe, creer (dibuja un libro morado y coloréalo de verde)

    Obedeció (enciérralo en naranja y coloréalo de amarillo)

    Promesa (enciérrala de rojo)

    Probado (subráyala de naranja)

Ahora resuelve el crucigrama.

Guía de Instrucciones

Si Cristo está en tu corazón, Él está interesado en cada aspecto de tu vida. ¿No es eso fantástico?

Teniendo en cuenta que Dios está contigo, pídele que te dé un claro entendimiento durante este estudio.

99 Ve a la página 137 y lee "El Salón de la Fe de Dios".

Ya has pasado las sugerencias para marcar las palabras clave de Hebreos 11 a tu separador o tarjeta. Ve a la página 193. Lee Hebreos 11:8-19 en voz alta mientras los estudiantes siguen la lectura y mencionan cada palabra clave al marcarlas juntos.

Dios (dibuja un triángulo morado y coloréalo de amarillo)

Abraham (coloréalo de azul)

Sara (coloréala de rosado)

Fe, creer (dibuja un libro morado y coloréalo de verde)

Obedeció (enciérralo en naranja y coloréalo de amarillo)

Promesa (enciérrala de rojo)

Probado (subráyala de naranja)

Dónde (subraya con doble línea de color verde las palabras que denoten lugares)

Cuándo (dibuja un reloj verde sobre las palabras que denoten tiempo)

Guía de Instrucciones

(Página 193)

8 Por la fe Abraham, al ser llamado, obedeció, saliendo para un lugar que había de recibir como herencia; y salió sin saber adónde iba.

---

194   REGISTRO DE OBSERVACIONES

9 Por la fe habitó como extranjero en la tierra de la promesa como en *tierra* extraña, viviendo en tiendas como Isaac y Jacob, coherederos de la misma promesa,
10 porque esperaba la ciudad que tiene cimientos, cuyo arquitecto y constructor es Dios.
11 También por la fe Sara misma recibió fuerza para concebir, aun pasada ya la edad propicia, pues consideró fiel a Aquel que lo había prometido.
12 Por lo cual también nació de uno, y *éste* casi muerto con respecto a esto, *una descendencia* COMO LAS ESTRELLAS DEL CIELO EN NÚMERO, E INNUMERABLE COMO LA ARENA QUE ESTÁ A LA ORILLA DEL MAR.
13 Todos estos murieron en fe, sin haber recibido las promesas, pero habiéndolas visto desde lejos y aceptado con gusto, confesando que eran extranjeros y peregrinos (expatriados) sobre la tierra.
14 Porque los que dicen tales cosas, claramente dan a entender que buscan una patria propia.
15 Y si en verdad hubieran estado pensando en aquella *patria* de donde salieron, habrían tenido oportunidad de volver.
16 Pero en realidad, anhelan una *patria* mejor, es decir, la celestial. Por lo cual, Dios no se avergüenza de ser llamado Dios de ellos, pues les ha preparado una ciudad.
17 Por la fe Abraham, cuando fue probado, ofreció a Isaac; y el que había recibido las promesas ofrecía a su único *hijo*.
18 *Fue a él* a quien se le dijo: "EN ISAAC TE SERÁ LLAMADA DESCENDENCIA".
19 Él consideró que Dios era poderoso para levantar aun de entre los muertos, de donde también, en sentido figurado, lo volvió a recibir.

La Prueba de la Fe de Abraham

(Página 138)

Ahora resuelve el crucigrama.

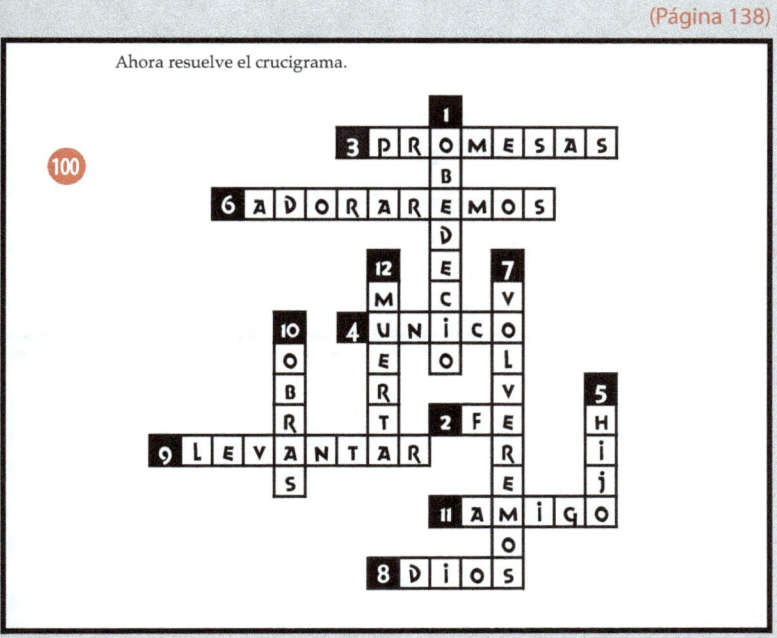

La Prueba de Fe de Abraham 139

Hebreos 11:8 ¿QUÉ hizo Abraham cuando fue llamado?

1. (Vertical) Él **obedeció**.

Hebreos 11:17 ¿CÓMO ofreció Abraham a Isaac cuando fue probado?

2. (Horizontal) Por la **fe**

Hebreos 11:17 ¿QUÉ había recibido Abraham?

3. (Horizontal) Las **promesas**

Hebreos 11:17 ¿QUÉ estaba ofreciendo?

4. (Horizontal) Su **único**   5. (Vertical) **hijo**

Ahora echa un vistazo a Génesis 22:5. ¿QUÉ le dijo Abraham a sus criados? "Quédense aquí con el asno. Yo y el muchacho iremos hasta allá,

6. (Horizontal) **adoraremos** y

7. (Vertical) **volveremos** a ustedes".

Este verso nos muestra que Abraham sabía que Isaac era el hijo de la promesa. Abraham obedecería a Dios al sacrificar a su hijo, pero él sabía que Isaac y él regresarían. ¿Cómo lo sabía?

Guía de Instrucciones

100 Lee de nuevo los versos a continuación para responder las preguntas de las páginas 139-140. Luego completa el crucigrama en la página 138.

Hebreos 11:8 ¿QUÉ hizo Abraham cuando fue llamado?

1. (Horizontal) Él **obedeció**.

Hebreos 11:17 ¿CÓMO ofreció Abraham a Isaac cuando fue probado?

2. (Horizontal) Por la **fe**

Hebreos 11:17 ¿QUÉ había recibido Abraham?

3. (Horizontal) Las **promesas**

Hebreos 11:17 ¿QUÉ estaba ofreciendo?

4. (Horizontal) Su **único**

5. (Horizontal) **hijo**

Génesis 22:5. ¿QUÉ le dijo Abraham a sus criados? "Quédense aquí con el asno. Yo y el muchacho iremos hasta allá,

6. (Vertical) **adoraremos** y

7. (Vertical) **volveremos a ustedes".**

ABRAHAM, EL VALIENTE EXPLORADOR DE DIOS - SEXTA SEMANA

Guía de Instrucciones

Hebreos 11:19. ¿QUÉ consideró Abraham?

8. (Vertical) Que Dios era poderoso para

9. (Vertical) levantar aun de entre los muertos.

Santiago 2:22 ¿CÓMO fue perfeccionada la fe?

10. (Horizontal) Como resultado de las obras
Santiago 2:23 ¿CÓMO fue llamado Abraham?

11. (Vertical) amigo de Dios

Santiago 2:26 ¿CÓMO está la fe sin obras?

12. (Horizontal) muerta

Lee el texto en la página 140.

Discute qué significa tener una fe como la de Abraham.

Eres muy dichoso. No todos los niños pueden estudiar la Palabra de Dios. Dale gracias a Dios por esta oportunidad.

Practica tu verso para memorizar (Guía del Maestro, página 172).

(Página 139)

Regresa a Hebreos 11:19. ¿QUÉ consideró Abraham?

8. (Horizontal) Que **Dios** era poderoso para

9. (Horizontal) **levantar** aun de entre los muertos.

Ahora busca y lee Santiago 2:20-26 para terminar tu crucigrama.

Santiago 2:22 ¿CÓMO fue perfeccionada la fe?

10. (Vertical) Como resultado de las **obras**

---

140   SEXTA SEMANA

(Eso quiere decir que cuando tenemos fe, se hará evidente por lo que hacemos).

Santiago 2:23 ¿CÓMO fue llamado Abraham?

11. (Horizontal) **amigo** de Dios

Santiago 2:26 ¿CÓMO está la fe sin obras?

12. (Vertical) **muerta**

¿Ves cómo este pasaje en Santiago encaja con lo que ocurrió en Génesis 22:12? Las obras de Abraham, su disposición de extender su mano para sacrificar a su único hijo, demostró su fe en Dios. Abraham sabía que Dios guardaría Sus promesas y que si él mataba a Isaac, entonces Dios lo levantaría de entre los muertos porque la promesa del pacto era a través de Isaac. Él era el hijo de la promesa. ¿No es esa fe asombrosa?

¿QUÉ hay de ti? ¿Pueden los demás ver tu fe por la manera en que vives y por las cosas que haces?

Es por eso que Abraham fue llamado amigo de Dios. ¿Quieres ser un amigo de Dios? Entonces camina como Abraham lo hizo. Confía y obedece. Deja que tu fe sea visible por tus obras.

La Prueba de la Fe de Abraham

(Página 140)

JEHOVÁ-YIREH

 Cuando la camioneta se detuvo en el parque de Farewell Bend en Oregón, Max y Silvia comenzaron a celebrar. Chispa, sin querer quedarse fuera de la acción, ladraba y saltaba de asiento en asiento.

"¡Chispa!" dijo Lucas cuando Chispa trató de saltar en sus piernas y ayudar a manejar la camioneta. "Bájate, muchacho, antes que me des un infarto. Ya llegamos, familia. Nuestra primera parada en el estado de Oregón, Farewell Bend".

"¿Por qué se le llama Farewell Bend, papá?" preguntó Max.

La Prueba de Fe de Abraham   141

"Porque este es el lugar donde los pioneros se despedían del Río Snake al comenzar su viaje por Oregón".

"Es realmente hermoso", dijo la mamá de Max. "Bien, todos, salgamos y armemos nuestro campamento. Luego podemos pasar tiempo con Dios dándole gracias por proveernos con un viaje seguro".

"Miren esas montañas. ¡Dios es un Creador asombroso! ¿Han notado cuán especial es toda Su creación a medida que hemos viajado por diferentes partes del país?" dijo el papá de Max.

Ahora, mientras nos sentamos junto al río, rocíate un poco de ese repelente de insectos. Los mosquitos están picando. Luego regresemos a Génesis.

Ve a la página 181. Lee Génesis 22. Ahora mira en tu Registro de Observaciones donde marcaste la palabra clave *proveer*. Haz una lista de todo lo que veas sobre esta palabra.

(Página 182)

Capítulo 22

1 Aconteció que después de estas cosas, Dios probó a Abraham, y le dijo: "¡Abraham!". Y él respondió: "Aquí estoy".

2 Y Dios dijo: "Toma ahora a tu hijo, tu único, a quien amas, a Isaac, y ve a la tierra de Moriah, y ofrécelo allí en holocausto sobre uno de los montes que Yo te diré".

3 Abraham se levantó muy de mañana, aparejó su asno y tomó con él a dos de sus criados y a su hijo Isaac. También partió leña para el holocausto, y se levantó y fue al lugar que Dios le había dicho.

4 Al tercer día alzó Abraham los ojos y vio el lugar de lejos.

5 Entonces Abraham dijo a sus criados: "Quédense aquí con el asno. Yo y el muchacho iremos hasta allá, adoraremos y volveremos a ustedes".

6 Tomó Abraham la leña del holocausto y la puso sobre Isaac su hijo, y tomó en su mano el fuego y el cuchillo. Y los dos iban juntos.

Guía de Instrucciones

Prepárate para otro emocionante día buscando el mensaje de Dios.

Pide a Dios que te dirija a través de cada pasaje con un claro entendimiento.

101 Ve a la página 140 y lee "Jehová-yireh".

102 Ve a la página 181 y lee nuevamente Génesis 22 en voz alta mientras los estudiantes siguen la lectura.

Discute el significado de la palabra "proveer".

Guía de Instrucciones

(Página 182)

7 Isaac habló a su padre Abraham: "Padre mío". Y él respondió: "Aquí estoy, hijo mío". "Aquí están el fuego y la leña", dijo Isaac, "pero ¿dónde está el cordero para el holocausto?".

8 Y Abraham respondió: "Dios proveerá para Sí el cordero para el holocausto, hijo mío". Y los dos iban juntos.

REGISTRO DE OBSERVACIONES 183

9 Llegaron al lugar que Dios le había dicho y Abraham edificó allí el altar, arregló la leña, ató a su hijo Isaac y lo puso en el altar sobre la leña.

10 Entonces Abraham extendió su mano y tomó el cuchillo para sacrificar a su hijo.

11 Pero el ángel del Señor lo llamó desde el cielo y dijo: "¡Abraham, Abraham!". Y él respondió: "Aquí estoy".

12 Y *el ángel* dijo: "No extiendas tu mano contra el muchacho, ni le hagas nada. Porque ahora sé que temes a Dios, ya que no me has rehusado tu hijo, tu único".

13 Entonces Abraham alzó los ojos y miró, y *vio* un carnero detrás *de él* trabado por los cuernos en un matorral. Abraham fue, tomó el carnero y lo ofreció en holocausto en lugar de su hijo.

14 Y Abraham llamó aquel lugar con el nombre de El Señor Proveerá, como se dice hasta hoy: "En el monte del Señor se proveerá".

15 El ángel del Señor llamó a Abraham por segunda vez desde el cielo,

16 y le dijo: "Por Mí mismo he jurado", declara el Señor, "que por cuanto has hecho esto y no me has rehusado tu hijo, tu único,

17 de cierto te bendeciré grandemente, y multiplicaré en gran manera tu descendencia como las estrellas del cielo y como la arena en la orilla del mar, y tu descendencia poseerá la puerta de sus enemigos.

18 **En tu simiente serán bendecidas todas las** naciones **de la tierra**, porque tú has obedecido Mi voz".

19 Entonces Abraham volvió a sus criados, y se levantaron y fueron juntos a Beerseba. Y habitó Abraham en Beerseba.

La Prueba de la Fe de Abraham

---

184   REGISTRO DE OBSERVACIONES

20 Después de estas cosas, le dieron noticia a Abraham, diciendo: "Milca también le ha dado hijos a tu hermano Nacor:
21 Uz su primogénito, Buz su hermano, y Kemuel, padre de Aram,
22 Quesed, Hazo, Pildas, Jidlaf y Betuel".
23 Y Betuel fue el padre de Rebeca. Estos ocho *hijos* dio a luz Milca a Nacor, hermano de Abraham.
24 También su concubina, de nombre Reúma, dio a luz a Teba, a Gaham, a Tahas y a Maaca.

(Página 141)

Proveer

 Génesis 22:8 **Dios** proveerá para sí el **cordero** para el **holocausto**.

Génesis 22:14 Y Abraham llamó aquel lugar con el nombre de El **Señor Proveerá**, como se dice hasta hoy: "En el **monte** del **Señor** se **proveerá**."

Ahora haz un dibujo de este acto de provisión. Muestra a Isaac en el altar mientras Abraham se fija en el carnero en el matorral, que Dios proveyó para que tomara el lugar de su hijo.

El Señor Proveerá

Guía de Instrucciones

103 Vuelve a leer los siguientes versos y haz una lista de todo lo que aprendiste sobre la palabra clave "proveer" en la página 141.

Génesis 22:8 Dios proveerá para sí el cordero para el holocausto.

Génesis 22:14 Y Abraham llamó aquel lugar con el nombre de El Señor Proveerá, como se dice hasta hoy: "En el monte del Señor se proveerá."

104 Haz un dibujo de Isaac en el altar y el carnero en el matorral.

Guía de Instrucciones

¿QUÉ ha provisto Dios para ti y para mí? Lee Juan 3:16-17 y Juan 1:29 para responder las preguntas en la página 142.

Juan 3:16 ¿A QUIÉN proveyó Dios como sacrificio? <u>Su único Hijo-Jesús</u>

¿POR QUÉ proveyó Dios este sacrificio? <u>Para que no nos perdiéramos</u>

Si creemos en Jesús, ¿QUÉ tendremos? <u>Vida eterna</u>

Juan 3:17 ¿Para QUÉ envió Dios a Jesús al mundo? <u>Para que el mundo fuera salvo</u>

Juan 1:29 ¿QUÉ dijo Juan cuando él vio a Jesús viniendo hacia él? "Ahí está el <u>Cordero</u> de <u>Dios</u> que quita el <u>pecado</u> del mundo".

SEXTA SEMANA

La palabra hebrea para "el Señor proveerá" es *Jehová-yireh*. ¿No es asombroso saber que Dios es nuestro Proveedor? "En el monte del Señor se proveerá". Dios proveyó un carnero para que Abraham sacrificara en lugar de Isaac.

Descubramos QUÉ ha provisto Dios para nosotros. Busca y lee Juan 3:16-17.

Juan 3:16 ¿A QUIÉN proveyó Dios como sacrificio?

<u>Su único Hijo-Jesús</u>

¿POR QUÉ proveyó Dios este sacrificio?

<u>Para que no nos perdiéramos</u>

Si creemos en Jesús, ¿QUÉ tendremos?

<u>Vida eterna</u>

Juan 3:17 ¿Para QUÉ envió Dios a Jesús al mundo?

<u>Para que el mundo fuera salvo</u>

Ahora busca y lee Juan 1:29.

Juan 1:29 ¿QUÉ dijo Juan cuando él vio a Jesús viniendo hacia él?

"Ahí está el <u>Cordero</u> de <u>Dios</u> que quita el <u>pecado</u> del mundo".

¿Ves cuánto te ama Dios? Él entregó voluntariamente a Su Hijo unigénito para que muriera en tu lugar, para que no perecieras ni vivieras en el lago de fuego preparado para el diablo y sus ángeles para siempre. Dios proveyó a Jesús, el Cordero de Dios, para

La Prueba de Fe de Abraham 143

que muriera en nuestro lugar pagando por nuestros pecados. Dios proveyó una vía de escape para nosotros.

Haz un dibujo de la provisión de Dios para nosotros a continuación.

Dios provee un Cordero

¿Sabías que un holocausto era una ofrenda voluntaria? Era una ofrenda que debía ser hecha por amor como un acto de adoración. Es la ofrenda que Noé ofreció a Dios después del diluvio, para adorarlo (Génesis 8:20).

En Génesis 22:13, vemos a Abraham ofreciendo a Isaac como un holocausto.

Ahora usemos el mapa de Dios para buscar y leer Levítico 1 para averiguar sobre el holocausto.

Levítico 1:4 ¿Para QUÉ era el holocausto?

E **x p i a c i ó** n (cubrir un pecado)

¿No es asombroso ver que así como un holocausto era hecho voluntariamente para expiación, Jesús voluntariamente puso Su vida en el altar para ser sacrificado y hacer expiación para todos nosotros?

¡Por qué no te tomas un tiempo para adorar a Dios, tu Jehová-yireh, agradeciéndole por el gran precio que Él pagó por tus pecados porque Él te ama! Alábalo por proveer para todas tus necesidades.

¡Fantástico! ¡Tu viaje está casi completo!

Guía de Instrucciones

105 Haz un dibujo de la provisión de Dios en el cuadro de la página 143.

Lee el texto y busca Levítico 1:4 para responder la pregunta.

Levítico 1:4 ¿Para QUÉ era el holocausto?
E x p i a c i ó n

Discute sobre la expiación.

Dale gracias a Dios por el privilegio de conocerlo personalmente.

Guía de Instrucciones

Recuerda que Dios está contigo cuando estudias Su Palabra. Pídele que abra tu corazón para aprender lo que Él desea que sepas hoy.

106 Ve a la página 144 y lee "Sara".

SARA

"Mamá, ¿Dónde fueron los pioneros después de Farewell Bend?" preguntó Max.

"Veamos, después de Farewell Bend ellos tuvieron que viajar por el Cañón Burnt River, el cual era un enorme obstáculo", respondió ella.

"¿Qué clase de obstáculo, tía Lucy?" preguntó Silvia.

"El cañón era muy serpenteado y aunque no era tan malo como algunos de los otros lugares en la ruta, algunas veces le tomaba a los vagones seis días solo pasar por el cañón. A esas alturas la comida era muy escasa para los pioneros y su ganado".

"Apuesto que estaban cansados de su largo viaje", agregó Silvia.

"Sí, ellos estaban sucios, cansados, hambrientos y algunos estaban abatidos después de haber perdido amigos y familia en el camino. Ellos estaban más que listos para llegar a la Ciudad de Oregón", respondió la mamá de Max.

"Me pregunto si Abraham alguna vez se cansó de moverse por la tierra", dijo Silvia.

"Seguramente sí", respondió su mamá. "Pero Abraham estaba dispuesto a ir fielmente adonde sea que Dios lo guiara. ¿Por qué no

La Prueba de la Fe de Abraham

La Prueba de Fe de Abraham 145

sacamos el mapa de Dios y leemos Génesis 23 para descubrir dónde estaba Abraham y qué estaba ocurriendo?"

Ve a la página 183. Lee Génesis 23 y marca las siguientes palabras clave:

    Abraham (coloréalo de azul)

    Sara (coloréala de rosado)

No olvides marcar cualquier cosa que te indique DÓNDE ocurre algo, subrayando el lugar con doble línea de color verde. Y no olvides marcar cualquier cosa que te indique cuándo ocurrió algo, dibujando un reloj verde como este:

(Página 184)

Capítulo 23

1 Sara vivió 127 años.  *Estos fueron* los años de la vida de Sara.
2 Sara murió en Quiriat Arba, que es Hebrón, en la tierra de Canaán. Abraham fue a hacer duelo por Sara y a llorar por ella.
3 Después Abraham dejó a su difunta, y habló a los hijos de Het:
4 "Yo soy extranjero y peregrino entre ustedes; denme en propiedad una sepultura entre ustedes, para que pueda sepultar a mi difunta y *separarla* de delante de mí".
5 Los hijos de Het le respondieron a Abraham:
6 "Escúchenos, señor nuestro: usted es un príncipe poderoso entre nosotros. Sepulte a su difunta en el mejor de nuestros sepulcros, *pues* ninguno de nosotros le negará su sepulcro para que sepulte a su difunta".
7 Abraham se levantó e hizo una reverencia al pueblo de aquella tierra, los hijos de Het,
8 y habló con ellos: "Si es su voluntad que yo sepulte aquí a mi difunta *separándola* de delante de mí, escúchenme e intercedan por mí con Efrón, hijo de Zohar,

---

Guía de Instrucciones

107 Ve a la página 183. Lee Génesis 23 en voz alta mientras los estudiantes siguen la lectura y mencionan cada palabra clave al marcarlas contigo.

Abraham (coloréalo de azul)

Sara (coloréala de rosado)

DÓNDE (subraya con doble línea de color verde las palabras que denoten lugares)

CUÁNDO (dibuja un reloj verde sobre las palabras que denoten tiempo)

Guía de Instrucciones

REGISTRO DE OBSERVACIONES

9 para que me dé la cueva de Macpela que le pertenece, que está al extremo de su campo. Que en presencia de ustedes me la dé por un precio justo en posesión para una sepultura".

10 Efrón estaba sentado entre los hijos de Het. Y Efrón, el hitita, respondió a Abraham a oídos de los hijos de Het y de todos los que entraban por la puerta de su ciudad:

11 "No, señor mío, escúcheme. Le doy el campo y le doy la cueva que está en él. A la vista de los hijos de mi pueblo se lo doy. Sepulte a su difunta".

12 Entonces Abraham se inclinó delante del pueblo de aquella tierra,

13 y a oídos del pueblo de aquella tierra le habló a Efrón: "Le ruego que me oiga. Le daré el precio del campo. Acéptelo de mí, para que pueda sepultar allí a mi difunta".

14 Efrón respondió a Abraham:

15 "Señor mío, escúcheme: una tierra que vale 400 siclos (4.56 kilos) de plata, ¿qué es eso entre usted y yo? Sepulte, pues, a su difunta".

16 Abraham escuchó a Efrón. Y Abraham pesó la plata que *éste* había mencionado a oídos de los hijos de Het: 400 siclos de plata, medida comercial.

17 Así el campo de Efrón que está en Macpela, frente a Mamre, el campo y la cueva que hay en él, y todos los árboles en el campo dentro de sus confines, fueron cedidos

18 a Abraham en propiedad a la vista de los hijos de Het, delante de todos los que entraban por la puerta de su ciudad.

19 Después de esto, Abraham sepultó a Sara su mujer en la cueva del campo de Macpela frente a Mamre, es decir, Hebrón, en la tierra de Canaán.

REGISTRO DE OBSERVACIONES

20 El campo y la cueva que hay en él fueron cedidos a Abraham en posesión para una sepultura por los hijos de Het.

La Prueba de la Fe de Abraham

(Página 145)

Génesis 23:1-2 ¿QUÉ le ocurre a Sara?

Ella murió

Génesis 23:1 ¿CUÁNTOS años tenía?

127 años

Génesis 23:2 ¿DÓNDE murió ella?

Quiriat Arba (Hebrón)

¿QUÉ hizo Abraham?

Hizo duelo

Génesis 23:7-9 ¿QUÉ quería comprar Abraham?

La cueva de Macpela

146   SEXTA SEMANA

Génesis 23:19 ¿DÓNDE sepultó Abraham a Sara?

En una cueva en el campo de Macpela

El valiente explorador de Dios acababa de perder a su esposa, como ocurrió con muchas personas en la Ruta de Oregón. Ahora busquemos 1 Pedro 3:1-6 para descubrir qué podemos aprender del ejemplo de Sara. Estas son cosas buenas para recordar porque algún día podrías ser una esposa o tener una esposa.

1 Pedro 3:1 ¿CÓMO deben estar las esposas con sus esposos?

Sujetas

¿POR QUÉ?

Para que sus esposos puedan ser ganados por su conducta

1 Pedro 3:2 ¿QUÉ clase de comportamiento debe tener una esposa?

Casta y respetuosa

Guía de Instrucciones

Lee los siguientes versos para responder las preguntas en las páginas 145-146.

Génesis 23:1-2 ¿QUÉ le ocurre a Sara? Ella murió

Génesis 23:1 ¿CUÁNTOS años tenía? 127 años

Génesis 23:2 ¿DÓNDE murió ella? Quiriat Arba (Hebrón)

¿QUÉ hizo Abraham? Hizo duelo

Génesis 23:7-9 ¿QUÉ quería comprar Abraham? La cueva de Macpela

Génesis 23:19 ¿DÓNDE sepultó Abraham a Sara? En una cueva en el campo de Macpela

Busca las referencias cruzadas en las Escrituras en 1 Pedro y responde las preguntas en la página 146.

1 Pedro 3:1 ¿CÓMO deben estar las esposas con sus esposos? Sujetas

¿POR QUÉ? Para que sus esposos puedan ser ganados por su conducta

1 Pedro 3:2 ¿QUÉ clase de comportamiento debe tener una esposa? Casta y respetuosa

Guía de Instrucciones

1 Pedro 3:4 ¿QUÉ es precioso delante de Dios?
Un espíritu tierno y sereno

1 Pedro 3:5-6 ¿Era Sara un buen ejemplo? Sí

1 Pedro 3:6 ¿QUÉ hizo Sara? Ella obedeció a Abraham y lo llamaba señor.

Practica en voz alta el verso para memorizar tres veces con un amigo (Guía del Maestro, página 172).

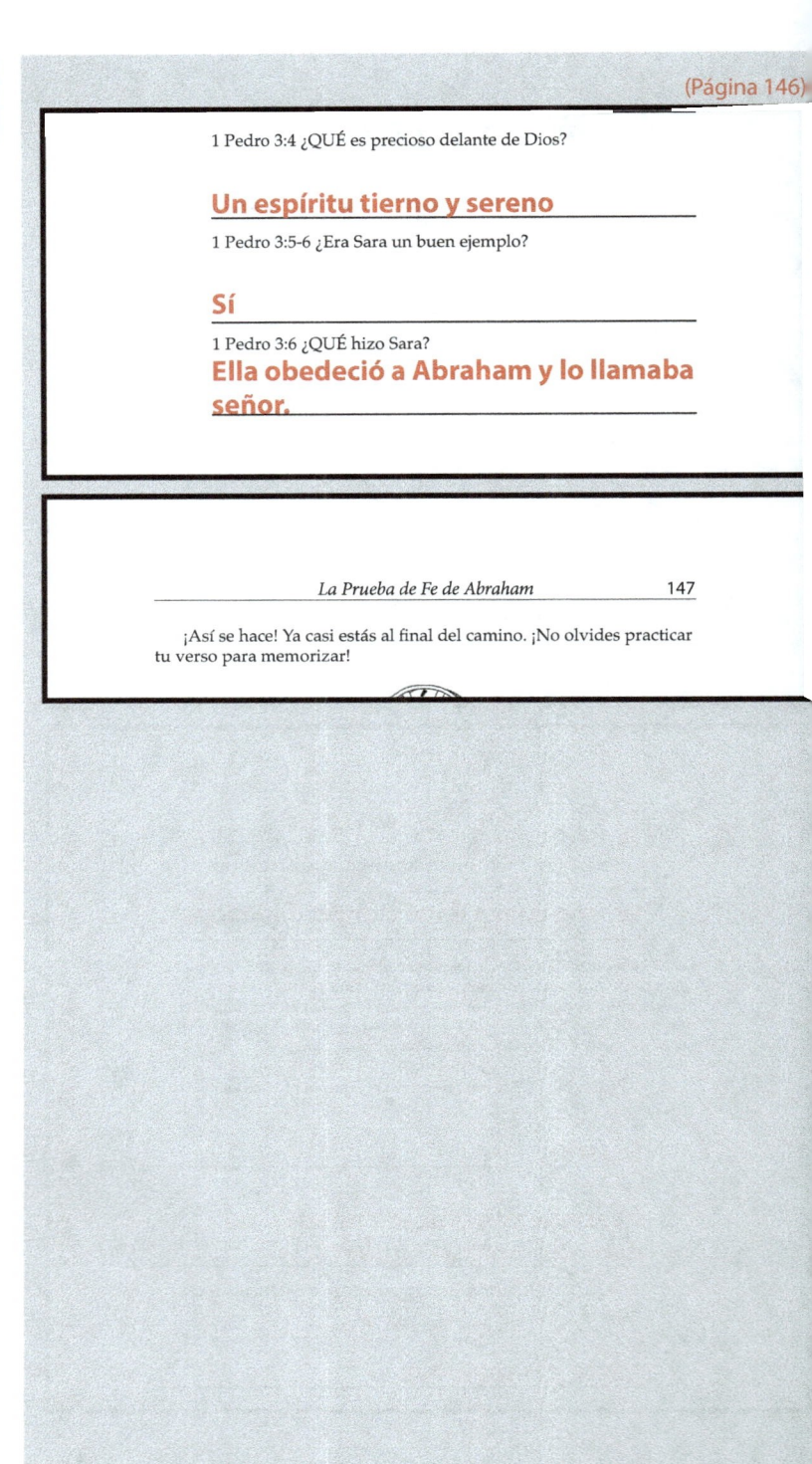

Guía de Instrucciones

(Página 147)

ABRAHAM, EL AMIGO DE DIOS

"¡Miren, llegamos!" gritó Silvia. "¡Lo hicimos! Estamos en la Ciudad de Oregón. ¡Llegamos hasta el final de la ruta!"

"¡Apuesto que llego al final antes que tú!" gritó Max al correr hacia el letrero que decía "Final de la Ruta de Oregón" que estaba junto a un museo de 15 metros de altura que parecía un vagón cubierto.

"¡Llegué al final de la ruta primero!" dijo Max riéndose. "Vamos adentro".

Mientras su guía les exponía una presentación visual, ella pasó entre el público un pedazo de excremento falso de búfalo para que las visitas tocaran. "¡No tocaré eso!" declaró Silvia, enseguida Max se la pegó en la palma de la mano.

"Demasiado tarde", dijo con una carcajada. "Debes experimentar toda la Ruta de Oregón".

"¡Qué asco, Max! Me alegra mucho no ser una pionera. No me gustaría reunir todo esto a lo largo del país". Todos ser rieron mientras terminaban su recorrido y luego salieron a tomar helado para celebrar el final de la ruta.

Ahora mientras tomas helado, terminemos nuestro viaje con Abraham. Vamos a Génesis 25. (Nos saltaremos Génesis 24 debido a que se trata sobre Isaac. Aprenderemos sobre él en nuestra próxima aventura).

Has trabajado muy duro para descubrir cómo Abraham se convirtió en un amigo de Dios.

Pide a Dios que tenga cuidado de ti, que controle tus palabras y acciones, e infunda en ti un hambre por conocerlo más a Él.

108 Ve a la página 147 y lee "Abraham, el amigo de Dios".

(Página 148)

Averigüémos lo que sucede después de que Sara muere. Ve a la página 191 y lee Génesis 25:1-18. Marca las siguientes palabras clave:

△ Dios (dibuja un triángulo morado y coloréalo de amarillo)

Abraham (coloréalo de azul)

Bendecir (dibuja una nube azul y coloréala de rosado)

No olvides marcar cualquier cosa que te indique DÓNDE ocurre algo, subrayando el lugar con doble línea de color verde. Y no olvides marcar cualquier cosa que te indique cuándo ocurrió algo, dibujando un reloj verde como este: 🕐

Génesis 25:1 ¿QUÉ hace Abraham?

Guía de Instrucciones

(109) Ve a la página 191 y lee Génesis 25 en voz alta mientras los estudiantes siguen la lectura y mencionan cada palabra clave al marcarlas juntos.

Dios (dibuja un triángulo morado y coloréalo de amarillo)

Abraham (coloréalo de azul)

Bendecir (dibuja una nube azul y coloréala de rosado)

DÓNDE (subraya con doble línea de color verde las palabras que denoten lugares)

CUÁNDO (dibuja un reloj verde sobre las palabras que denoten tiempo)

REGISTRO DE OBSERVACIONES

Capítulo 25

1 Abraham volvió a tomar mujer, y su nombre *era* Cetura.
2 Ella le dio hijos: Zimram, Jocsán, Medán, Madián, Isbac y Súa.
3 Jocsán fue el padre de Seba y de Dedán. Los hijos de Dedán fueron Asurim, Letusim y Leumim.
4 Los hijos de Madián *fueron* Efa, Efer, Hanoc, Abida y Elda. Todos estos *fueron* los hijos de Cetura.
5 Abraham dio a Isaac todo lo que poseía.
6 A los hijos de sus concubinas Abraham les dio regalos, viviendo aún él, y los envió lejos de su hijo Isaac hacia el este, a la tierra del oriente.
7 Estos *fueron* los años de la vida de Abraham: 175 años.
8 Abraham murió en buena vejez, anciano y lleno *de días*, y fue reunido a su pueblo.
9 Sus hijos Isaac e Ismael lo sepultaron en la cueva de Macpela, en el campo de Efrón, hijo de Zohar, el hitita, que está frente a Mamre,
10 el campo que Abraham compró a los hijos de Het. Allí fue sepultado Abraham con Sara su mujer.
11 Después de la muerte de Abraham, Dios bendijo a su hijo Isaac. Y habitó Isaac junto a Beer Lajai Roi.
12 Estas son las generaciones de Ismael, hijo de Abraham, el que Agar la egipcia, sierva de Sara, le dio a Abraham.
13 Estos son los nombres de los hijos de Ismael, nombrados *por el orden de* su nacimiento: el primogénito de Ismael, Nebaiot, después, Cedar, Adbeel, Mibsam,
14 Misma, Duma, Massa,
15 Hadar, Tema, Jetur, Nafis y Cedema.
16 Estos fueron los hijos de Ismael, y estos sus nombres, por sus aldeas y por sus campamentos: doce príncipes según sus tribus.

REGISTRO DE OBSERVACIONES

17 Estos *fueron* los años de la vida de Ismael: 137 años. Murió, y fue reunido a su pueblo.
18 Sus descendientes habitaron desde Havila hasta Shur, que está enfrente de Egipto, según se va hacia Asiria. Se establecieron allí frente a todos sus parientes.

La Prueba de la Fe de Abraham

(Página 148)

Génesis 25:1 ¿QUÉ hace Abraham?

Tomó otra mujer.

¿CUÁL es su nombre?

Cetura

Génesis 25:2 ¿QUIÉNES eran sus hijos?
Zimram, Jocsán, Medán, Madián, Isbac y Súa.

Génesis 25:5 ¿A QUIÉN le dio Abraham todo lo que poseía?

Isaac

La Prueba de Fe de Abraham 149

¿Sabes por qué? Porque la promesa de Dios de la herencia era por medio de Isaac, el hijo de la promesa.

Génesis 25:6 ¿QUÉ hizo Abraham por los otros hijos mientras él seguía vivo?

Les envió regalos y los envió lejos de su hijo Isaac.

¿ADÓNDE envió Abraham a estos otros hijos?

A la tierra del oriente

Génesis 25:7 ¿CUÁNTOS años tenía Abraham?

175 años

Génesis 25:8 ¿QUÉ le sucede a Abraham?

Él murió en buena vejez y fue reunido con su pueblo.

¿Habías oído de esto antes? Recuerda la profecía de Dios respecto a la vida de Abraham en Génesis 15:15.

Génesis 25:8 ¿QUÉ vemos sobre Abraham?

Él estaba **lleno** de días.

Génesis 25:9-10 ¿DÓNDE lo enterraron Isaac e Ismael?

En la cueva de Macpela.

Génesis 25:11 ¿QUÉ hizo Dios después que Abraham falleciera?

Bendijo a su hijo Isaac.

Guía de Instrucciones

110 Lee los siguientes versos para responder las preguntas en las páginas 148-151.

Génesis 25:1 ¿QUÉ hace Abraham? Tomó otra mujer.

¿CUÁL es su nombre? Cetura

Génesis 25:2 ¿QUIÉNES eran sus hijos? Zimram, Jocsán, Medán, Madián, Isbac y Súa.

Génesis 25:5 ¿A QUIÉN le dio Abraham todo lo que poseía? Isaac

Discute la promesa de Dios hecha a Abraham.

Génesis 25:6 ¿QUÉ hizo Abraham por los otros hijos mientras él seguía vivo? Les envió regalos y los envió lejos de su hijo Isaac.

¿ADÓNDE envió Abraham a estos otros hijos? A la tierra del oriente

Génesis 25:7 ¿CUÁNTOS años tenía Abraham? 175 años

Génesis 25:8 ¿QUÉ le sucede a Abraham? Él murió en buena vejez y fue reunido con su pueblo.

Discute Génesis 15:15.

Génesis 25:8 ¿QUÉ vemos sobre Abraham? Él estaba lleno de días.

Génesis 25:9-10 ¿DÓNDE lo enterraron Isaac e Ismael? En la cueva de Macpela.

Génesis 25:11 ¿QUÉ hizo Dios después que Abraham falleciera? Bendijo a su hijo Isaac.

Guía de Instrucciones

Génesis 25:16 ¿QUÉ vemos sobre los hijos de Ismael? Estos hijos son doce príncipes según sus tribus.

¿Profetizó Dios que él tendría doce príncipes? Sí

Génesis 25:17 ¿CUÁNTOS años tenía Ismael cuando murió? 137 años

Génesis 25:18 ¿QUÉ vemos sobre Ismael? Él se estableció allí frente a todos sus parientes.

¿Recuerdas la profecía que Dios le dio a Agar sobre Ismael en Génesis 16:11-12?

Busca Génesis 16:11-12 y discute.

¿Se cumplió? Sí

Regresa a la página 13 (Guía del Maestro, página 206) y agrega la nueva esposa de Abraham y sus seis hijos al árbol genealógico.

Ve a 2 Crónicas 20:7.

¿CÓMO llama Josafat a Abraham? Amigo de Dios

Busca Isaías 41:8.

¿CÓMO llama Dios a Abraham? Mi amigo

La Prueba de Fe de Abraham 151

Ahora busca y lee Santiago 2:23, tu verso para memorizar de esta semana.

¿POR QUÉ fue llamado Abraham amigo de Dios?

Porque él creyó a Dios

¿CÓMO serás recordado tú? ¿Serás recordado como un amigo de Dios?

Busca y lee Juan 15:13-16.

Juan 15:14 ¿CÓMO puedes ser amigo de Jesús?

Haciendo lo que Él manda.

Abraham creyó en las promesas de Dios y a pesar de que Abraham no era un hombre perfecto, él fue contado (declarado) como justo por Dios debido a su fe. Él vivió una vida de obediencia y fe. Él era un amigo de Dios.

EL FINAL DE LA RUTA

¡Excelente! ¡Lo lograste! ¡Has llegado al final de la ruta! Qué asombroso viaje, pues acampamos a lo largo de los Estados Unidos. Mira todo lo que hemos descubierto sobre el valiente explorador de Dios, Abraham. ¡Vaya hombre de fe y obediencia!

Al seguir las pisadas del valiente explorador de Dios, vimos que él cometió algunos errores muy grandes, pero él siguió adelante. Él regresó al Señor para invocar Su nombre, adorarlo y continuar su viaje de fe.

¿No fue asombroso ver a nuestro valiente explorador creer en las promesas de Dios y tener esa fe contada como justicia? Vimos cómo Abraham fue salvo.

Tan solo mira todo lo que hemos aprendido sobre Dios al descubrir que todo lo que Dios hace está basado en un pacto. Dios siempre cumple Sus promesas. ¡Él es un Dios asombroso! Dios es El Elyon, Él es soberano; Él está en control de todas nuestras circunstancias. Dios es El Roí, Él ve. No podemos huir o escondernos de Él.

Guía de Instrucciones

Practica tu verso para memorizar (Guía del Maestro, página 172).

¿POR QUÉ fue llamado Abraham amigo de Dios? Porque él creyó a Dios

Busca y lee Juan 15:13-16.

Juan 15:14 ¿CÓMO puedes ser amigo de Jesús? Haciendo lo que Él manda.

Lee el resto del texto en las páginas 151-152.

Discute sobre este estudio, los nombres de Dios y Sus promesas.

Has trabajado muy duro a lo largo de este estudio de Abraham. Dios observa y conoce tu corazón. Él está complacido.

Guía de Instrucciones

Si eres maestro en un aula puedes tomarles una lección del verso para memorizar a tus estudiantes. Además hay un examen de la Sexta Semana en la página 198 para evaluar la memorización y comprensión. Utiliza el Examen Final en la página 199 para evaluar el entendimiento en general de los niños sobre *"Abraham—el Valiente Explorador de Dios"*.

Usa el *Juego de Dibujar* en la página 202 para que los niños repasen todo lo que han aprendido en el libro de Abraham.

Verso para memorizar

"…y se cumplió la Escritura que dice:'Y Abraham creyó a Dios y le fue contado por justicia' y fue llamado amigo de Dios".

Santiago 2:23

Sexta Semana

Dios es El Shaddai, el Dios Todopoderoso. Él es el fuerte, Él es todo suficiente ¡y nada es demasiado difícil para Él! Dios es El Olam, el Dios Eterno y Dios es Jehová-yireh, nuestro Proveedor. Él ha provisto salvación para ti y para nosotros.

Al llegar al final del camino, observamos a Dios probar la fe de Abraham. Abraham no rehusó entregar nada a Dios, ni siquiera rehusó a su único hijo que fue prometido por Dios. ¿No fue asombroso descubrir que Dios nos amó tanto que sacrificó a Su Hijo para que podamos tener vida eterna? ¿Has aceptado este regalo de salvación? ¿Eres un hijo de la promesa? ¿Eres amigo de Dios? ¿Confías en Él y Le obedeces?

Al continuar tu viaje de la fe, continúa estudiando la Palabra de Dios. ¡Estamos muy orgullosos de ti por hacer estos estudios bíblicos!

Ahora, en el camino a casa podemos hacer un poco de velerismo en la ciudad The Dalles o trepar hasta la cima de las Cataratas Multnomah. ¡Este ha sido un viaje espectacular! ¡Nos veremos en otra aventura en la Palabra de Dios muy pronto!

Silvia, Max y (Chispa)

Descubre Por Ti Mismo "Abraham—el Valiente Explorador de Dios"

Primera Semana: La Valiente Aventura de Abraham

1. ¿De quién fue padre Taré?
   a. Abram, Nacor y Harán
   b. Isaac, Jacob y Esaú
   c. Enoc, Noé y Peleg
   d. Moisés, Aarón y Josué

2. ¿De quién fue padre Harán?
   a. Taré
   b. Lot
   c. Moisés
   d. Sarai

3. ¿Quién fue la esposa de Abram?
   a. María
   b. Milca
   c. Sarai
   d. Isca

4. ¿Por qué dejó Abraham su país?
   a. Dios se lo dijo
   b. Sarai quería irse
   c. Nacor quería irse
   d. Lot quería irse

5. ¿De dónde salió Abraham?
   a. Jerusalén
   b. Ur
   c. Betel
   d. Damasco

6. Dios prometió a Abraham que Él haría una gran _____ de él.
   a. Tierra
   b. Tribu
   c. Nación
   d. Construcción

7. ¿A quién se le daría esta tierra?
   a. Sarai
   b. Isaac
   c. Abel
   d. Descendencia

8. ¿Qué le dijo Abram a Lot que hiciera?
   a. Sepárate de mí
   b. Vete
   c. Quédate conmigo
   d. Construye un altar

9. ¿Dónde se estableció Abram?
   a. Neguev
   b. Canaán
   c. Sodoma
   d. Egipto

10. ¿Quién libró a Abram de sus enemigos?
    a. Lot
    b. Sarai
    c. Dios
    d. Melquisedec

Verso para memorizar

Hebreos 11:8

"Por la fe Abraham, al ser llamado, obedeció, saliendo para un lugar que había de recibir como herencia; y salió sin saber adónde iba".

Segunda Semana: Un Pacto de Sangre

1. Después de estas cosas, ¿cómo vino Dios a Abram?
   a. En una visión
   b. En un sueño
   c. Por medio de un ángel
   d. Mediante un profeta

2. Dios dijo: "Yo soy un _____ para ti".
   a. Amigo
   b. Escudo
   c. Padre
   d. Hermano

3. ¿Qué le promete Dios a Abram al llevarlo afuera a ver las estrellas?

   a. No tendrás mucha descendencia
   b. Tu descendencia será numerosa como las estrellas del cielo
   c. Tu descendencia será como los planetas
   d. Tu descendencia será como los árboles

4. ¿Cuál fue la respuesta de Abram? Abram _____ y Dios se lo reconoció por justicia.
   a. Prometió
   b. Creyó
   c. Dio
   d. Conoció

5. ¿Qué creyó Abram que lo hizo justo, qué le prometió Dios a Abram?
   a. Riquezas
   b. Muchas simientes
   c. Una simiente, específicamente Jesucristo
   d. Muchos camellos y asnos

6. ¿Cómo se aparece Dios a Abram cuando el sol se pone y Abram cae en un profundo sueño?
   a. Como un horno humeante y una antorcha de fuego
   b. Como un horno humeante y paloma
   c. Como una antorcha de fuego y un carnero
   d. Como un horno humeante y una tórtola

7. ¿Qué estaba haciendo el Señor con Abram?
   a. Un trato
   b. Un pacto
   c. Una ley
   d. Una regulación

8. ¿Qué dos cosas prometió Dios a Abram?
   a. Descendencia y amigos
   b. Una tierra y riquezas
   c. Descendencia y una tierra
   d. Riquezas sin descendencia

9. ¿Qué es el Antiguo Testamento, el Pacto de la Ley que Dios entregó a Moisés?
   a. Jesús moriría en la cruz por nuestros pecados
   b. Los diez mandamientos escritos en tablas de piedra
   c. La ley de Dios escrita en nuestros corazones
   d. Libertad para hacer lo que queramos

10. ¿Qué es el Nuevo Testamento y qué hace?
    a. Los diez mandamientos nos muestran nuestro pecado
    b. Dios diciéndole a Noé que no destruirá la tierra con un diluvio
    c. Jesús derramando Su sangre y muriendo en la cruz, perdona nuestros pecados
    d. Dios prometiendo a Abram descendencia y una tierra para hacernos sus herederos

Verso para memorizar

Génesis 15:6

"Y Abram creyó en el Señor y Él se lo reconoció por justicia".

Tercera Semana: El Nuevo Nombre de Abram

1. ¿Quién dijo Dios que sería heredero de Abram?
   a. Uno de sus propias entrañas
   b. El hijo del vecino
   c. El hijo de la sierva
   d. Su hermano

2. Sara dio su _____, Agar, a Abram.
   a. Peluquera
   b. Sierva
   c. Mayordomo
   d. Costurera

3. Un ángel del Señor le dijo a Agar que él multiplicará grandemente sus _____.
   a. Hermanas
   b. Camellos
   c. Descendientes
   d. Padres

4. ¿Cuál era el nombre del hijo de Agar?
   a. Ismael
   b. Benjamín
   c. Isaac
   d. Leví

5. ¿Qué estableció Dios con Abram?
   a. Un converso
   b. Un pacto
   c. Un convento
   d. Una convención

6. ¿De qué haría Dios padre a Abram?
   a. Ciudades
   b. Pueblos
   c. Naciones
   d. Continentes

7. ¿Qué dijo Dios que Sara tendría el siguiente año?
   a. Un hijo
   b. Una hija
   c. Una sierva
   d. Un siervo

8. ¿Qué hizo Sara?
   a. Lloró
   b. Se rió
   c. Se quedó sin aliento
   d. Se desmayó

9. Dios escogió a Abraham para que _____ a sus hijos a guardar el camino del Señor.
   a. Sugiriera
   b. Requiera
   c. Mandara
   d. Dejara

10. Él debía guardar el camino del Señor haciendo _____ y juicio.
    a. Justicia
    b. Obras
    c. Oraciones
    d. Deberes

Verso para Memorizar

Génesis 17:1

"El Señor se le apareció y le dijo: 'Yo soy el Dios Todopoderoso; anda delante de Mí y sé perfecto'".

Cuarta Semana: Fuego y Azufre

1. ¿A quiénes revela Dios Su secreto?
   a. A sus profetas
   b. Su familia
   c. Sus fariseos
   d. Sus guardianes

2. Dios reveló cosas que deben suceder _____.
   a. Nunca
   b. Pronto
   c. Lentamente
   d. Siempre

3. Dios dijo que _____ de Sodoma era sumamente grave.
   a. La esperanza
   b. El deseo
   c. El pecado
   d. La tierra

4. Abraham preguntó: "El Juez de toda la tierra, ¿no hará _____?"
   a. Justicia
   b. Injusticia
   c. Derecho
   d. Juicio

5. Dios dijo que Él no destruiría a Sodoma con diez _____.
   a. Viejos
   b. Justos
   c. Deshonestos
   d. Jóvenes

6. Podemos pedir cualquier cosa que sea _____ a Su voluntad.
   a. Parecida
   b. Semejante
   c. Conforme
   d. Contra

7. ¿Qué harían los ángeles que fueron donde Lot?
   a. Festejar en la ciudad
   b. Destruir la ciudad
   c. Dejar la ciudad
   d. Bendecir la ciudad

8. ¿Qué hizo Dios con la ciudad?
   a. La bendijo
   b. La hizo crecer
   c. Envió fuego y azufre a ella
   d. La salvó

9. Dios salvó a Lot de _____.
   a. Gomorra
   b. Sodoma
   c. Egipto
   d. Persia

10. ¿Quién no heredará el reino de Dios?
    a. Los humildes
    b. Los ricos
    c. Los injustos
    d. Los jóvenes

Verso para Memorizar

Génesis 18:19

"Y Yo lo he escogido para que mande (instruya) a sus hijos y a su casa después de él que guarden el camino del Señor, haciendo justicia y juicio, para que el Señor cumpla en Abraham todo lo que Él ha dicho acerca de él".

Quinta Semana: Abraham Celebra

1. Abraham le dice a Abimelec que Sara era su _____.
   a. Hermana
   b. Esposa
   c. Prima
   d. Nieta

2. Dios vino a Abimelec en _____.
   a. Una visión
   b. Un sueño
   c. Una tormenta
   d. Una nube

3. ¿Cómo llamaron Sara y Abraham a su hijo?
   a. Rubén
   b. Leví
   c. Isaac
   d. Jacob

4. ¿Qué le dijo Sara a Abraham que hiciera con Agar e Ismael?
   a. Envíales un regalo
   b. Échalos fuera
   c. Bendícelos
   d. Pídeles que se queden

5. Agar vagó en _____ de Beerseba.
   a. El pueblo
   b. La aldea
   c. El desierto
   d. La ciudad

6. La promesa a Abraham fue mediante la justicia de _____.
   a. Fe
   b. Esperanza
   c. Deseos
   d. Sueños

7. ¿Qué hicieron Abraham y Abimelec?
   a. Una ciudad
   b. Una comunidad
   c. Un pacto
   d. Un negocio

8. ¿Sobre qué fue la queja de Abraham?
   a. Un pozo de agua
   b. Una montaña
   c. Una cosecha
   d. Una ciudad

9. ¿Por qué se llamó este lugar Beerseba?
   a. Porque Abimelec produjo cerveza y ovejas allí
   b. Porque Abraham y Abimelec juraron allí
   c. Porque Abraham y Abimelec pelearon allí
   d. Porque Abraham y Abimelec se fueron por caminos diferentes

10. Abraham invocó el nombre del _____.
    a. Faraón
    b. Rey
    c. Señor
    d. Sacerdote

Verso para Memorizar

Romanos 4:20-21

"Sin embargo, respecto a la promesa de Dios, Abraham no titubeó con incredulidad, sino que se fortaleció en fe, dando gloria a Dios, estando plenamente convencido de que lo que Dios había prometido, poderoso era también para cumplirlo".

Sexta Semana: La Prueba de la Fe de Abraham

1. ¿Qué le dijo Dios a Abraham que hiciera con su único hijo?
   a. Que lo sacrifique
   b. Críe ovejas
   c. Que se mudara
   d. Que lo amara

2. ¿Quién es el Hijo unigénito de Dios?
   a. Pablo
   b. Abram
   c. Jesús
   d. Adán

3. ¿Qué le preguntó Isaac a Abraham?
   a. ¿Dónde está el cordero?
   b. ¿Por qué estamos aquí?
   c. ¿Qué beberemos?
   d. ¿Podemos irnos a casa?

4. ¿Cuál fue la respuesta de Abram?
   a. Ten un poco de agua
   b. Dios se proveerá el cordero
   c. Estamos aquí para pescar
   d. Iremos a casa luego

5. ¿Qué vio Abraham atrapado en un matorral?
   a. Un perro
   b. Un gato
   c. Un carnero
   d. Un toro

6. ¿Qué hizo con este animal?
   a. Lo ofreció en holocausto
   b. Lo llevó a casa
   c. Lo liberó
   d. Se lo comió

7. ¿Qué era Jesús?
   a. El único hijo de José
   b. El cordero de Dios
   c. Un fariseo
   d. Un saduceo

8. ¿Cómo llamó Abraham a ese lugar?
   a. El desierto
   b. El monte
   c. El Señor proveerá
   d. El valle

9. ¿Por qué serán bendecidas todas las naciones de la tierra?
   a. Abraham obedeció a Dios
   b. Abraham amó a todos
   c. Abraham obedeció a Abimelec
   d. Abraham recibió la Ley de Dios

10. ¿Por qué fue llamado Abraham el amigo de Dios?
    a. Él diezmaba
    b. Él recibió la Ley
    c. Él creyó a Dios
    d. Él pidió a Dios que lo bendijera

Verso para memorizar

Santiago 2:23

"Y se cumplió la Escritura que dice: 'Y Abraham creyó a Dios y le fue contado por justicia' y fue llamado amigo de Dios".

Examen Final de "Abraham—El Valiente Explorador de Dios" de "Descubre Por Ti Mismo"

1. ¿Quién era la esposa de Abram?
   a. Sarai
   b. María
   c. Rut
   d. Isca

2. ¿Por qué dejó Abraham su país?
   a. Sarai quería irse
   b. Dios se lo dijo
   c. Nacor quería irse
   d. Lot quería irse

3. Dios prometió a Abraham que Él haría de una gran _____ de él.
   a. Tierra
   b. Aldea
   c. Nación
   d. Construcción

4. ¿A quién se le daría esta tierra?
   a. Sarai
   b. Descendientes de Abraham
   c. Isaac
   d. Abel

5. Dios dijo: "Yo soy un _____ para ti".
   a. Amigo
   b. Padre
   c. Escudo
   d. Hermano

6. Abram _____ a Dios y fue reconocido como justo.
   a. Prometió
   b. Creyó
   c. Dio
   d. Conoció

7. ¿A quién dio Sara a Abraham por mujer?
   a. Su peluquera
   b. Su sierva
   c. Su amiga
   d. Su costurera

8. ¿Cuál era el nombre del hijo de Agar?
   a. Ismael
   b. Benjamín
   c. Isaac
   d. Leví

9. ¿De qué haría Dios padre a Abram?
   a. Pueblos
   b. Ciudades
   c. Naciones
   d. Continentes

10. Dios reveló cosas que deben suceder _____.
    a. Rápidamente
    b. Pronto
    c. Siempre
    d. Nunca

11. Dios dijo que _____ de Sodoma era sumamente grave.
    a. La esperanza
    b. El deseo
    c. El pecado
    d. La tierra

12. Dios dijo que Él no destruiría a Sodoma con diez _____.
    a. Justos
    b. Viejos
    c. Honestos
    d. Tristes

13. Podemos pedir cualquier cosa según la _____ de Dios.
    a. Ley
    b. Voluntad
    c. Expectativas
    d. Visión

Examen Final de "Abraham—El Valiente Explorador de Dios" de "Descubre Por Ti Mismo"

14. Dios salvó a Lot de _____.
    a. Egipto
    b. Persia
    c. Sodoma
    d. Gomorra

15. ¿Quién no heredará el reino de Dios?
    a. Los humildes
    b. Los injustos
    c. Los jóvenes
    d. Los ricos

16. ¿Cómo llamaron Abraham y Sara a su hijo?
    a. Rubén
    b. Leví
    c. Isaac
    d. Jacob

17. La promesa a Abraham fue mediante la justicia de la _____.
    a. Fe
    b. Esperanza
    c. Expectativa
    d. Ley

18. ¿Qué le dijo Dios a Abraham que hiciera con su único hijo?
    a. Criar ovejas
    b. Sacrificarlo
    c. Enviarlo a otro lugar
    d. Amarlo

19. ¿Qué le preguntó Isaac a Abraham?
    a. ¿Dónde está el cordero?
    b. ¿Por qué estamos aquí?
    c. ¿Qué tenemos de beber?
    d. ¿Podemos ir a casa?

20. ¿Cuál fue la respuesta de Abraham?
    a. El cordero está en el camello
    b. Dios proveerá
    c. Vamos a comer
    d. Iremos a casa luego

21. ¿Qué vio Abraham atrapado en un matorral?
    a. Una oveja
    b. Un oso
    c. Un carnero
    d. Un toro

22. ¿Qué hizo él con este animal?
    a. Lo ofreció en holocausto
    b. Se lo llevó a casa
    c. Lo liberó
    d. Se lo comió

23. ¿Cómo llamó Abraham a ese lugar?
    a. El Señor se esconderá
    b. El Señor peleará por nosotros
    c. El Señor proveerá
    d. El Señor juzgará

24. ¿Por qué serían bendecidas todas las naciones "en Abraham"?
    a. Él obedeció a Dios
    b. Todos lo amaban
    c. Él recibió la Ley
    d. Él comenzó la agroindustria

25. ¿Por qué fue llamado Abraham el amigo de Dios?
    a. Él diezmaba
    b. Él recibió la Ley
    c. Él creyó a Dios
    d. Él le pidió a Dios que lo bendijera

Respuestas de las Lecciones

Primera Semana	Segunda Semana	Tercera Semana	Cuarta Semana	Quinta Semana	Sexta Semana
1. a	1. a	1. a	1. a	1. a	1. a
2. b	2. b	2. b	2. b	2. b	2. c
3. c	3. b	3. c	3. c	3. c	3. a
4. a	4. b	4. a	4. a	4. b	4. b
5. b	5. c	5. b	5. b	5. c	5. c
6. c	6. a	6. c	6. c	6. a	6. a
7. d	7. b	7. a	7. b	7. c	7. b
8. a	8. c	8. b	8. c	8. a	8. c
9. b	9. b	9. c	9. b	9. b	9. a
10. c	10. c	10. a	10. c	10. c	10. c

Respuestas del Examen Final

1. a	14. c
2. b	15. b
3. c	16. c
4. b	17. a
5. c	18. b
6. b	19. a
7. b	20. b
8. a	21. c
9. c	22. a
10. b	23. c
11. c	24. a
12. a	25. c
13. b	

Juegos Opcionales

Juego de Dibujar

Para jugar esto tendrás que escribir o tipear lo que quieres que los niños dibujen entre los eventos de Génesis 11-15 de Abram como Abram saliendo de la tierra de Canaán, edificando altares y adorando a Dios, Abram y Lot separándose, la guerra con los reyes, Dios haciendo pacto con Abram, etc., en pedazos de papel y cortarlos en pedazos separados.

Dobla cada pedazo de papel y ponlos en una bolsa con cierre o en un tazón.

Divide a tu clase en dos equipos.

Pide que un niño del Equipo 1 pase al frente de la clase y dibuje lo que esté escrito en un pedazo de papel de la bolsa. Luego que haya tomado un evento, el niño dibujará para representar lo que escogió en la pizarra. Ambos equipos observarán mientras el niño dibuja el evento. Cuando un niño de cualquier equipo crea que sabe lo que se está dibujando puede levantar la mano y tú escoges al niño cuya mano veas levantada primero. Puede ser un niño de cualquier equipo. Si la respuesta no es adivinada, continúa dejándolos adivinar hasta que alguien diga la respuesta correcta.

Cuando alguien adivine correctamente el evento, recibe 100 puntos para su equipo. Luego, el maestro hace una pregunta sobre el dibujo al estudiante que adivinó correctamente el dibujo. Por ejemplo, si el evento era "Dios hace pacto con Abram", el maestro puede preguntar: "¿Qué prometió el Señor a Abram?" Si el estudiante responde correctamente su equipo recibe 100 puntos adicionales para tener un total de 200 puntos. Si no responde bien, alguien del otro equipo recibe la oportunidad de responder correctamente la pregunta y recibir 100 puntos para su equipo, así cada equipo puede recibir 100 puntos.

Una vez que se den los puntos, viene el turno del Equipo 2 de escoger un evento de la bolsa y dibujarlo. Alterna entre equipos hasta que cada papel haya sido sacado y representado en la pizarra, haciendo preguntas después que se dibuje cada evento.
Puedes recompensar al equipo ganador con un premio como unos dulces o caramelos o con un privilegio.

Juegos Opcionales

Juego de Emparejar

Necesitas al menos diez preguntas y respuestas de la lección que estás estudiando.

Escribe o imprime las respuestas en una hoja de papel. Elabora dos conjuntos de respuestas y corta las respuestas en tiras individuales y coloca cada conjunto de respuestas en un sobre separado.

Divide tu clase en dos equipos. Escoge a un estudiante de cada equipo y pídeles que se acerquen y se paren al frente tuyo, uno a la espalda del otro en medio del salón. En cada lado del cuarto debes haber puesto las respuestas de cada sobre y haberlas mezclado y colocado en dos montones en el piso.

Haz una pregunta y luego da una palmadita a ambos estudiantes y diles "Comiencen". Ellos deben salir corriendo desde donde tú estás a su lado del salón y buscar la respuesta correcta a la pregunta que acabaste de hacer en su montón. Si ellos te traen una respuesta incorrecta, diles "No, intenta de nuevo" y ellos corren nuevamente para encontrar la respuesta. El primero en regresar corriendo con la respuesta correcta obtiene 100 puntos para su equipo. Continúa haciendo esto hasta que tengas respondidas todas tus preguntas y el equipo con mayor puntaje gana.

Juegos Opcionales

Saca un Chocolate

Necesitarás una bolsa de chocolates de diferentes colores. Vacíalos en un recipiente en que no se pueda ver el contenido. Escribe el valor de los puntos de los chocolates en una pizarra para que todos los niños lo vean. Puedes escoger el valor de los puntos dependiendo de cuántos hay de cada color, mientras más colores hayan menor será el valor de los puntos.

Café: 100 puntos

Rojo: 200 puntos

Amarillo: 300 puntos

Verde: 400 puntos

Azul: 500 puntos

Naranja: 600 puntos

Divide a los niños en dos equipos y hazles una pregunta de la lección o libro que estén estudiando. Si el niño que escogiste del primer equipo responde correctamente, el niño cerrará sus ojos y elegirá un chocolate del recipiente. Una vez que hayan escogido un color, pueden comerse el dulce y tú registrarás el puntaje que ganó su equipo en la pizarra. Si ellos responden incorrectamente, el otro equipo puede robarse la pregunta y sacar el chocolate; entonces será el turno de aquel equipo para responder la pregunta. El equipo con mayor puntaje gana.

Recompénsalos con un caramelo o un privilegio.

Si estás trabajando con un estudiante, aun así puedes jugar este juego haciendo las preguntas y dejando que el niño responda y saque un chocolate si responde correctamente. Diles que si ellos alcanzan cierta cantidad de puntos entonces recibirán una recompensa o un privilegio.

Juegos Opcionales

Seis Preguntas Básicas

Qué necesitarás:
- Un tablero. Nosotros usamos el tablero de presentación de proyectos de la bodega de una escuela. Para preparar tu tablero, elabora 5 etiquetas para las categorías de las preguntas: QUÉ, QUIÉN, CUÁNDO/CÓMO, DÓNDE, POR QUÉ y colócalas en el tablero (mira la tabla más adelante).
- Necesitas cinco tarjetas para cada categoría con los siguientes títulos: 100, 200, 300, 400 y 500 puntos. Después de rotular tus tarjetas con los valores de los puntos, puedes laminarlas para que duren más y luego colocar un pequeño pedazo de velcro en la cara en blanco de la tarjeta.
- Coloca otro pedazo de velcro en tu tablero, cinco pedazos para cada categoría y pega los puntos en tu tablero.
- Además necesitarás hacer una lista de preguntas usando las preguntas del libro que estás estudiando. Clasifica cada pregunta en cada categoría, 100 puntos para la pregunta más fácil, luego 200 puntos, 300, 400 puntos y 500 puntos para la pregunta más difícil.

Para jugar a las seis preguntas básicas:
- Este juego se maneja como "Jeopardy". Divide a tu clase en dos equipos.
- El equipo que va segundo siempre recibe la última pregunta.
- Un niño del primer equipo levanta su mano y te dice qué categoría y con qué puntaje quieren participar para responder una pregunta. Por ejemplo, un niño podría decir: "Quiero 'dónde' por '500 puntos'". Luego debes leer una pregunta de tu lista bajo la categoría "Dónde" por 500 puntos. Si la pregunta es contestada correctamente, entonces el participante obtiene 500 puntos para su equipo. Luego viene el turno del equipo contrario. Si el niño da una respuesta incorrecta entonces el otro equipo puede intentar responderla correctamente por los 500 puntos y luego es el turno de ellos mismos de escoger una categoría y dificultad.
- Alterna entre los dos equipos hasta que se te acaben las preguntas o se acabe el tiempo. Asegúrate de que el equipo que empezó en el segundo turno obtenga la última pregunta. El equipo que gana la mayor cantidad de puntos gana el juego.

QUÉ	QUIÉN	CUÁNDO/CÓMO	DÓNDE	POR QUÉ
100	100	100	100	100
200	200	200	200	200
300	300	300	300	300
400	400	400	400	400
500	500	500	500	500

Árbol Genealógico de Taré

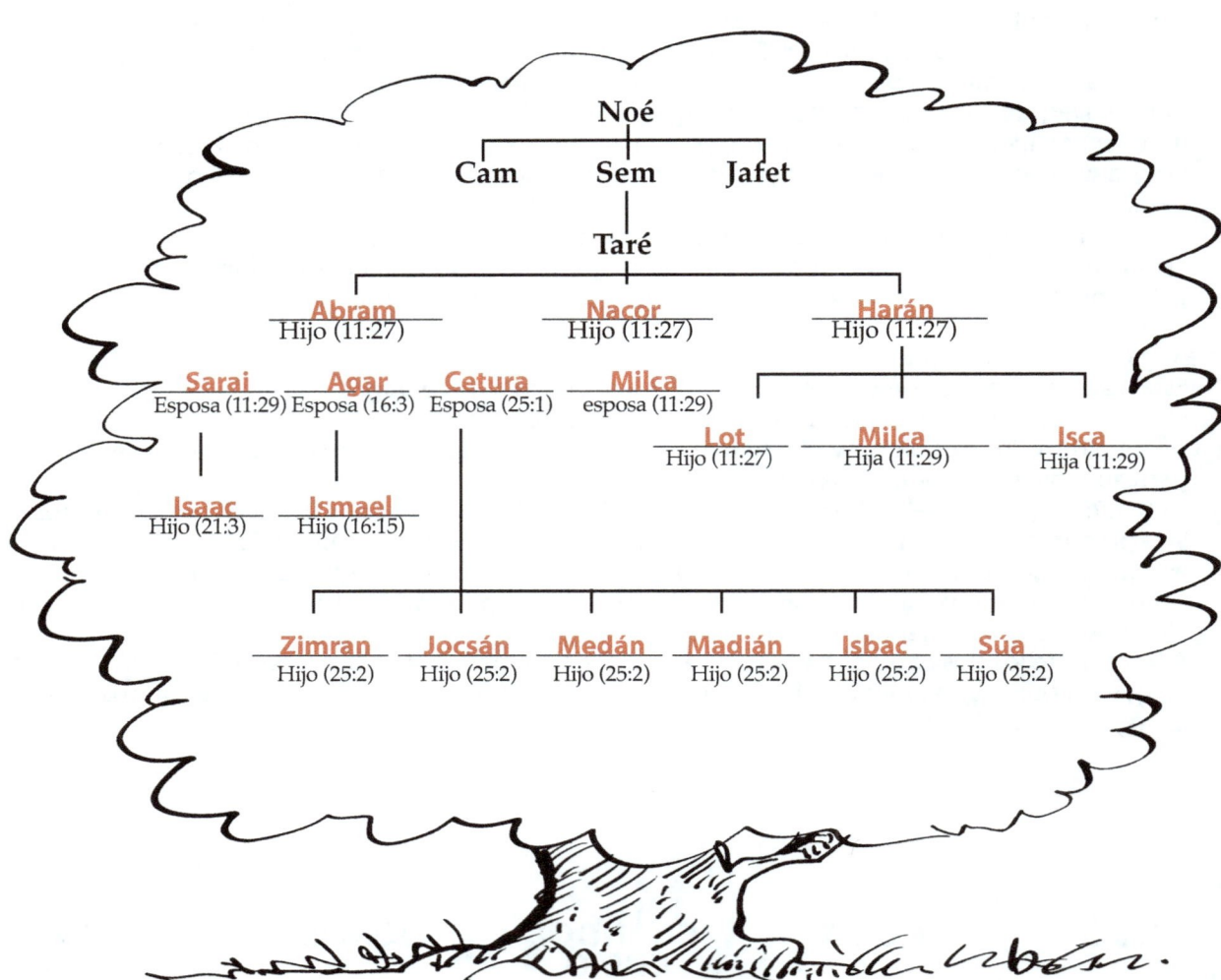

www.ingramcontent.com/pod-product-compliance
Lightning Source LLC
Chambersburg PA
CBHW080734300426
44114CB00019B/2593